福友现代实用企管书系 ⑤
FORYOU MODERN PRACTICAL
ENTERPRISE MANAGEMENT BOOK SERIES

如何推行5S

编著：孙少雄

厦门大学出版社

图书在版编目（CIP）数据

如何推行5S／孙少雄编著．－厦门：厦门大学出版社，2010.3
（福友现代实用企业管理书系／林荣瑞主编）
ISBN 978-7-5615-1711-4

Ⅰ.如… Ⅱ.孙… Ⅲ.企业管理－经验－日本 Ⅳ.F279.313.3
中国版本图书馆CIP数据核字（2000）第80148号

《如何推行5S》
福友现代实用企管书系⑤
编著／孙少雄（台湾）

企划／厦门福友企业管理顾问有限公司

电话：0592-2395581（总机） 传真：0592-2396530 2395580
http://www.foryou.tw.cn E-mail:xm@foryou.tw.cn

出版社／厦门大学出版社
地址：厦门市软件园二期望海路39号6楼 邮编：361005
http://www.xmupress.com E-mail:xmup@public.xm.fj.cn
责任编辑／许红兵
封面设计／李峰源

印刷／厦门市金凯龙彩印有限公司
2016年4月第7版 2016年4月第28次印刷
印张：9.5 字数：250千字
ISBN 978-7-5615-1711-4/F·269
定价：52.00元

序

5S 是医治工厂疑难杂症的"良药"，在管理上扮演着"扎实管理基础""落实管理项目"和"提升管理水准"的角色。5S 做得好则必然使企业经营利润大增，抵抗经营风险的能力增强。

前年去一家颇具规模的民营企业指导，刚一到厂，他们就提议先看看工厂。从行政大楼，车间到仓库，无一不是干净明亮，井然有序，绿化也做得很好。我很惊讶的问他们，你们的工厂为何会这么干净，他们很自豪的回答说："推行 5S 活动已有一年多了，以前根本不是这样，现在变成观摩的对象，我们也乐于这样做，因为观摩的人多，越有成就感，5S 就做得越起劲"。原来急着带我看工厂，就是希望我也能分享他们的一份喜悦。

记得第一次去日本参观工厂，在参观途中，解说员不经意的用手在地板上抹了一下，然后把手伸给我们看，竟然连灰尘的痕迹都没有，他指着墙上的几个大字，然后说："这就

是我们实施 5S 的成果。"老实说，那个时候对 5S 还没什么感觉，直到后来在我负责的企业推行了 5S 活动之后，才发现到工厂变宽敞了，环境舒畅了，工作伙伴们更带劲了。

脏乱与落后、不文明是同义词，在企业里与低生产力、低品质同样划等号，这是我从事企业管理工作多年来的经验。

本书以其全面、系统的论述，成功的实战案例，启发生动的漫画以及实例对比图片，将 5S 的起源、推行要领、推行步骤、配合活动的管理技巧以及后续的管理延伸等做深入探讨，旨在帮助业界朋友以最佳的途径、最简单的方法，取得最有效的成果。也正因如此，此书自出版以来长销不衰，已成为国内 5S 方面的经典著作。

少雄先生曾与我共事多年，以其务实的作风深得辅导企业的赞赏。经过他辅导 5S 活动的企业甚多，成效卓越，对这些企业有很大的贡献。此书是少雄先生从事 5S 辅导的经验总成，能够拿出来与全国的企业界分享，甚是钦佩与感谢。也

序

希望全国的企业，能借助 5 S 活动的推行，塑造一个更干净，
更文明的社会工作环境。

福友承诺——
　　　与您分享的绝对是好东西！

林燕瑜　于厦门

记得到企业辅导或授课，常听到有些员工对 5S 的评价是"5S 的内容我们都知道，只是没有系统化，并没有什么新的管理方法和内容"。究竟 5S 是什么呢？ 5S 是"做我们本来该做的事"。事实上，问题就出在太多原本我们能够做，也该做的事，给大打折扣，甚至抱着"我干吗那么认真"、"我已这么努力还不够吗"的错误观念，这样在细节上点点滴滴的差距，积累的结果相距甚远。假如我们在工作中对程序、制度、方法等都没能彻底地执行，如何能得其利而避其弊呢？哪有精力来做不断的管理改善？所以，如果彻底地推行 5S，则已为管理工作解决了大半问题。

笔者曾在松下公司从事现场管理多年，受 5S 精神熏陶影响至深，其后又经历过多家不同类型企业的实务辅导工作，在得益于推行 5S 活动给企业带来帮助的同时，也痛切地感觉到许多国内企业在基础管理方面的薄弱与不足。而 5S 管理正是改善基础管理的利器，企业如能有效推行 5S 活动，体会 5S 的精髓，当可大大改善企业体质，员工的自主管理也能水到渠成。然而令人惋惜的是，许多企业对5S虽神交已久，却苦于仅能了解片鳞只爪，推行时无法系统进行，效果也就难以彰显。

因此，在辅导过程中，除了分享企业因卓有成效而带来的那份喜悦外，同时也深感肩负着一份重任——如何提供一套实务的管理工具，让更多的企业也能够分享这份喜悦。思虑之余，将累积多年的实战经验以及使用资料，系统编订成册，期许能使界内朋友有所受益。

笔者重点对5S的推行要领、推行步骤、配合活动的管理技巧以及后续的管理延伸等作探讨，突出实战性和实用性。

本书得以完成，首先要感谢林荣瑞先生的多方指导和帮助，亦感谢福友企业管理顾问有限公司同仁的鼎力相助，在此一并致以谢意！

孙少雄谨识

献给每一位 **站** 着睡觉的人

目·录

◉ 目录

第一篇 ● 引言 ————————————————— 7-18

　1.1　竞争的时代 ——————————————— 8-9

　1.2　日本品质之崛起 ——————————————10-11

　1.3　工厂的第一感觉 ——————————————12-13

　1.4　整理整顿不良现象的剖析 ——————————14-15

　1.5　为什么 5S 是现场管理的基础 ———————16-17

　1.6　5S 是多层面的活动 ——————————————18

第二篇 ● 5S 的解析 ————————————— 19-26

　2.1　何谓 5S ——————————————————21-22

　2.2　5S 的起源 —————————————————— 23

　2.3　5S 与经营管理 ——————————————— 24

　2.4　5S 的三大支柱 ——————————————25-26

第三篇 ● 5S 推行要领 ———————————— 27-116

　3.1　整理(SEIRI) ————————————————— 30

　　3.1.1　定义 —————————————————— 30

　　3.1.2　目的 —————————————————— 30

　　3.1.3　推行要领 ——————————————30-39

　　3.1.4　整理活动具体推行方法 ————————40-51

　　3.1.5　具体案例 ——————————————52-57

　3.2　整顿(SEITON) ——————————————— 58

　　3.2.1　定义 —————————————————— 58

　　3.2.2　目的 —————————————————— 58

　　3.2.3　推行要领 ——————————————58-64

　　3.2.4　工装夹具等频繁使用物品的整顿 ———65-66

　　3.2.5　切削工具类的整顿 ——————————— 67

献给每一位站着睡觉的人

3.2.6　夹具量具等的整顿 ——————— 68
3.2.7　在制品的整顿 ——————— 69
3.2.8　仓库的整顿 ——————— 71-72
3.2.9　办公室的整顿 ——————— 73-74
3.2.10　清扫用具的整顿 ——————— 75-76
3.2.11　整顿活动具体推行办法 ——————— 77-80
3.2.12　具体案例 ——————— 81-82
3.3　清扫(SEISO) ——————— 84
　　3.3.1　定义 ——————— 84
　　3.3.2　目的 ——————— 84
　　3.3.3　推行要领 ——————— 84-91
　　3.3.4　资料文件的清扫 ——————— 92-93
　　3.3.5　机器设备的清扫 ——————— 94
　　3.3.6　公共区域的清扫 ——————— 95
　　3.3.7　具体案例 ——————— 96-98
3.4　清洁(SEIKETSU) ——————— 100
　　3.4.1　定义 ——————— 100
　　3.4.2　目的 ——————— 100
　　3.4.3　推行要领 ——————— 100-104
　　3.4.4　具体案例 ——————— 105-106
3.5　素养(SHITSUKE) ——————— 108
　　3.5.1　定义 ——————— 108
　　3.5.2　目的 ——————— 108
　　3.5.3　推行要领 ——————— 108-115
　　3.5.3　具体案例 ——————— 116

第四篇　●　推行步骤 ——————— 117-162
4.1　成立推行组织 ——————— 118
　　4.1.1　活动导入程序图 ——————— 118
　　4.1.2　成立推行委员会 ——————— 119
　　4.1.3　确定组织职责 ——————— 120-121
　　4.1.4　责任区域的划分 ——————— 121
4.2　拟定推行方针及目标 ——————— 122
　　4.2.1　方针 ——————— 122

献给每一位 站 着睡觉的人

4.2.2　目标 ————————————122
4.3　拟定工作计划————————————123
　4.3.1　时程计划 ————————————123-124
　4.3.2　资料的收集 ————————————125
　4.3.3　制定 5S 活动实施办法 ————————125-127
4.4　说明与教育————————————128
4.5　活动前的宣导造势 ————————————129
　4.5.1　先期各项宣传活动的推行 ————————129
　4.5.2　标杆厂观摩 ————————————129
　4.5.3　推行手册及海报标语 ————————————129
　4.5.4　外力或专家的心理建设 ————————————129
　4.5.5　最高主管的宣言 ————————————130
4.6　5S 活动试行 ————————————131
　4.6.1　前期作业准备 ————————————131
　4.6.2　红牌作战 ————————————131
　4.6.3　整顿作战 ————————————131
　4.6.4　活动办法试行和调整 ————————132
4.7　5S 活动评鉴 ————————————133
　4.7.1　制定评分标准表 ————————————133
　4.7.2　评分道具的准备 ————————————133-135
　4.7.3　评分方法和时间 ————————————136-137
　4.7.4　整改措施 ————————————138
4.8　5S 活动导入实施及查核 ————————————139
　4.8.1　5S 活动导入实施 ————————————139
　4.8.2　活动查核 ————————————139-146
4.9　评鉴公布及奖惩 ————————————147-150
4.10　检讨及改善修正 ————————————151-159
4.11　纳入日常管理活动————————————160-162

第五篇 ●　配合 5S 活动之管理技巧 ————————163-198
5.1　目视管理的运用————————————164
　5.1.1　何为目视管理————————————164
　5.1.2　目视管理的特点————————————164-166

献给每一位 站 着睡觉的人

5.1.3　目视管理的方法————————166-169
5.1.4　目视管理的着眼点————————170
5.1.5　目视管理的评价基准——————170-173
5.2　颜色管理的运用——————————174
5.2.1　何为颜色管理——————————174
5.2.2　颜色管理的特点—————————174
5.2.3　颜色管理的方法————————175-179
5.3　"3UMEMO"的运用————————180
5.3.1　何谓"3UMEMO"————————180
5.3.2　关于3U的检查表————————181
5.3.3　"3UMEMO"的填写程序—————182
5.3.4　"3UMEMO"实施改善手法—————183
5.3.5　"3UMEMO"之改善事例———184-185
5.3.6　5S诊断核对表与"3UMEMO"的关系—186-188
5.4　5S与安全生产——————————189
5.4.1　5S活动的深入与贯彻————190-191
5.4.2　安全作业重点————————191-194
5.4.3　现场巡视检查重点——————194-197
5.4.4　有关事故发生时的措施—————198

第六篇 ● 推行5S活动成功与失败的注意事项—199-206
6.1　失败的原因————————————200
6.2　成功的10种强心剂————————201
6.3　失败的模式——————————202-203
6.4　导入时机的选择—————————204
6.5　5S活动备忘要点————————205-206

第七篇 ● 5S的延伸————————————207-224
7.1　TPM的开展———————————208
7.1.1　活动的延伸——————————208
7.1.2　何为TPM—————————208-209
7.1.3　TPM改善的效益———————209-210
7.1.4　TPM的内容————————211-217

献给每一位 站 着睡觉的人

7.1.5　如何推行 TPM ———————— 218-219
7.2　QCC 的开展 ——————————220
7.2.1　何谓品管圈(QCC)活动 ————220
7.2.2　品管圈的主要活动 —————221
7.2.3　推行步骤 ——————— 221-224

第八篇 ● 推行 5S 的好处 ———— 225-230
8.1　提高企业形象 ——————226
8.2　减少浪费 ————————227
8.3　安全有保障 ———————228
8.4　标准化的推动者 —————229
8.5　增加员工的归属感 ————230

第九篇 ● 5S 活动宣传案例 ———— 231-280
9.1　5S 推行手册 —————— 232-254
9.2　早会 ———————— 255-258
9.3　早安运动 ————— 259-260
9.4　标语、征文活动 —— 261-263
9.5　征答活动 ———— 264-267
9.6　漫画板报活动 —— 268-269
9.7　礼仪手册 ———— 270-280

第十篇 ● 品质文化 ———— 281-287
10.1　全员参与 ————— 282-283
10.2　人的品质 ———— 284-287

※※※※※※※※※※※※※※※※※※

管理的基础—5S

※※※※※※※※※※※※※※※※※※

· 第一篇 ·

引言

1. 竞争的时代
2. 日本品质之崛起
3. 工厂的第一感觉
4. 整理整顿不良现象的剖析
5. 为什么5S是现场管理的基础
6. 5S 是多层面的活动

1.1 竞争的时代

改革开放20多年来，我国的经济有了飞速发展。在开放初期只要产品能生产出来就基本上可以获利，所以许多企业就以如何扩大生产规模为经营主体，对品质、成本等内在体质的改善则未多加重视。随着经济的发展，许多行业已出现生产能力过剩的现象，尤其在管理、技术、资金等实力高出一筹的跨国企业大举进入中国市场之后，竞争已呈现全方位、全球化态势，不少企业在各种竞争中纷纷落马，幸存企业的利润空间亦大幅度缩小，不具备竞争优势者即被淘汰已成铁律。

我国现今的企业，实已面临「管理差距或管理落后」的严峻挑战，企业如果还只注重短期利益，竞争力只会愈来愈弱，所以企业应将眼光放在长期利益上，才能永续经营，也就是必须实施以品质为中心的经营，才能达此目标。

所谓以品质为中心的经营，不只是做好产品的品质，还包括对公司有关的工作品质、业务品质、服务品质、环境品质以及员工的生活品质都须用心经营，使整体的质、量、成本都能达到最佳的境界。

在品质活动中，5S堪称为最基础的管理项目。我们常常将脏乱和品质低下、管理落后联系在一起，如果能将5S的精髓和做法，付诸于行动，并强化于员工的品质意识中，从而使企业彻底消除脏乱，员工养成认真、规范的好习惯，定能使企业打下坚实的管理基础，提升企业的竞争实力。

1.2 纵观日本品质之崛起

当今世界上产品品质一流的要数德国和日本。德国和日本所制造出的精良产品，不仅为欧美众多工业先进国家所无法匹敌，甚至连美国的钢铁、电子、汽车业，几乎也要呈现忙于招架之态势。

在企业的经营管理上，日本在战后产业复兴与重建期间，既吸取了欧美行之有效的科学管理方法，又注意了与本国国情的结合，经过20多年的努力，日本工业在许多方面都达到世界先进水准，并在产品品质、效率和成本等方面居于世界领先地位。

日式生产管理值得很好仿效的有不少内容是5S涵盖的范畴，从中也可看出5S是确保品质与生产的基本工作。

例如：

※工厂内特别安静和整洁，且维护良好的工作环境。

※从自我做起，做好自主管理。如锻炼好身体，做一个可靠的人，与他人建立良好的信任关系。

※ 设备维护在尖峰状态，养成寻找最小缺点并随时改正的习惯，让机器设备处于可持续运行状态。

※　安全第一，消除一切危险作业，借每个人的合作、维护和改善来确保安全。

※　品质不是检查出来的，而是在制造之前，必须将品质"想"出来。

※　任何不良品都是宝藏，因为其中包括了再改善现况的情报，它和顾问一样，告诉我们何处可以再改造。

※　现场人员有效地推行了现场的管理和改善。

※　品质管制得以彻底执行，确保高水准的产品品质。

1.3 工厂的第一感觉

参观过日本工厂的第一感觉是觉得特别清洁、有序，不论是办公场所还是车间、储物仓库，从地板、工作台、墙面到天花板，均是亮亮丽丽、整洁无比。员工工作节拍紧凑，士气高昂。这也许是日本创造世界一流品质形象非常重要的因素吧！

一家工厂留给客人或参观者前 15 分钟的最初感觉和印象会是最深刻的，假如客人进入工厂的第一感觉是工作步调紧凑，工作态度严谨，员工士气高昂，任何东西都整整齐齐、井然有序，那么客人一定对其产品的品质相当放心。假如客人一进入工厂的大门就看到车辆停摆零乱，四周杂乱不洁，踏入办公室时，每个人的办公桌上亦零乱不堪，满地垃圾，洗手间也奇臭难闻，那么客人必定打心底里怀疑工厂的管理力，对其产品的品质更是没有信心，哪还有下订单的勇气呢？

近几年来环境品质已引起国内不少企业的重视，例如远大集团的张剑说："好环境能够潜移默化，如果我们什么地方都注意细节，就会影响员工的工作态度，影响品质的控制，所以环境本身也是一种生产力。" 但相当一部分工厂还是困惑忙乱，无从下手，不知如何才能使客人有信心、员工有归属感，才能创造一流企业的形象。其实追根究底，都是因为不重视 5S 或实施不彻底。

整洁的工厂

脏乱的工厂

1.4　整理、整顿不良现象的剖析

我们不妨作一自我诊断，看看在我们的企业里是否存在以下类似现象：

①作业流程不畅，搬运距离长且通道被阻——耗费工时。

②物品堆放杂乱，良品、不良品混杂，成品、半成品未很好区分——品质难以保障。

③工装夹具随地置放——效率损失，成本增加。

④机器设备保养不良，故障多——精度降低，生产效率下降。

⑤私人物品随意摆放，员工频繁走动——无次序，无效率。

⑥地面脏污，设施破旧，灯光灰暗——不安全，易感疲倦。

⑦物品没有标识区分，误送误用——品质不佳，退货增多。

⑧管理气氛紧张，员工无所适从——士气不振。

除此之外，我们不妨看看在我们的企业里是否充满着以下各种想法：

①工厂什么地方有什么东西，我们靠感觉就可以了。

②出现不良品有什么关系？努力生产就可以了。

③流这么多汗去搬东西，效率当然好。

④机器故障、货不足，无法按期交货也是没办法的事。

⑤工作中受点伤没关系，搽点红药水就好了。

⑥工厂脏乱没关系，产品好销就行。

以上种种现象和想法倘若无法改善，将给企业造成有形与无形的巨大浪费，甚至会无情地将企业拖入衰退的深渊。

1.5 为什么5S是现场管理的基础

工厂能够提供什么服务给客户呢？PQCDS是基本的服务，也就是产品（P:Product）能以最佳的品质（Q:Quality）、最快的速度（D:Delivery）及最大的安全感（S:Safety）、最合理的价格（C:Cost）提供。

在现场管理中，透过5S活动，可以使"人"身美化、"地"、"物"明朗化，落实以下几项基本的管理项目：

（一）提升品质，降低不良

在整洁美观的工厂里，不良品会非常地显眼，从而能及时进行改善。

（二）减少浪费、降低成本

地、物、时得以最有效地运用，自然成本会降低。

（三）确保交期，顺利交货

清爽的工厂，每人都愉快地工作，物品清清楚楚、一目了然，机械设备保养良好，运作正常，交期自然不会被延误。

（四）安全有保障，工厂无伤害

清洁整齐的工厂，危险点有隔离管制，并作醒目的标识，会让人安心。

（五）管理气氛融洽，工作规范

人人有素养，现场工作人员人际关系良好，融洽和谐。

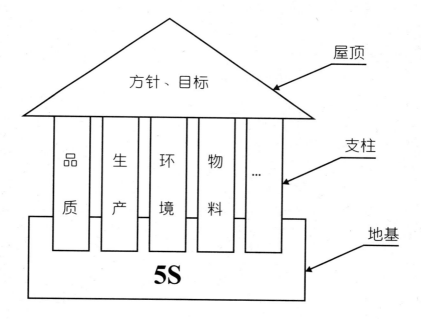

1.6 5S 是多层面的活动

5S 是现场管理的基础，但 5S 并非仅仅是在企业或工厂才要做的活动。事实上，个人、家庭、企业以及社会等多种层面都须实施 5S 的活动。

个人方面：

●服装仪容的整洁；

●言行举止的文明；

●社仪规范的遵守；

●道德修养的提升。

家庭方面：

●房间的清扫、整理；

●喜庆日子的装饰、布置；

●家庭的和睦相处；

●对长辈的孝顺，对晚辈的关爱。

社会方面：

●道路的整洁畅通；

●社区的绿化、美化；

●社会的 "爱心工程"。

· 第二篇 ·

5S的解析

1. 何谓 5S
2. 5S 的起源
3. 5S 与经营管理
4. 5S 的三大支柱

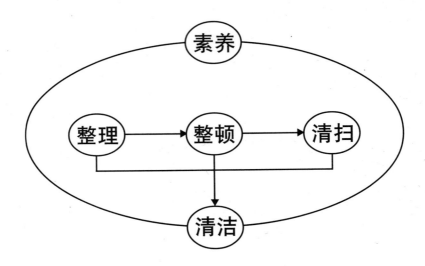

※※※※※※※※※※※※※※※※※※※※

5S以素养为始终

2.1　何谓 5S

5S 是在日本广受推崇的一套管理活动，包括以下内容：

1．整理（**SEIRI**）

2．整顿（**SEITON**）

3．清扫（**SEISO**）

4．清洁（**SEIKETSU**）

5．素养（**SHITSUKE**）

此五项内容在日文的罗马发音中，均以"S"为开头，故简称为 5S。5S 活动是具体而实在的，不仅让员工一听就懂，而且能实行，就是要为员工创造一个干净、整洁、舒适、合理的工作场所和空间环境。

1．整理（**SEIRI**）

区分要用与不要用的东西，不要用的东西清理掉。

2．整顿（**SEITON**）

要用的东西依规定定位、定量地摆放整齐，明确地标示。

3．清扫（**SEISO**）

清除职场内的脏污，并防止污染的发生。

4．清洁（SEIKETSU）

将前3S实施的做法制度化、规范化，贯彻执行并维持成果。

5．素养（SHITSUKE）

人人依规定行事，养成好习惯。

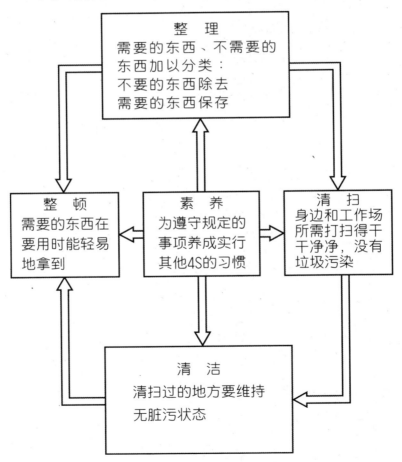

2.2   5S 的起源

1955 年，日本企业针对地、物，提出了整理、整顿2个 S。后来因管理的需求及水准的提升，才陆续增加了其余的3个 S，从而形成目前广泛推行的 5S 架构，也使其重点由环境品质扩及至人的行动品质，在安全、卫生、效率、品质及成本方面得到较大的改善。现在不断有人提出 6S、7S 甚至 8S，但其真谛是一致的，只是不同的企业，有不同的强调重点：

6S：

（1） 5S+Safety（安全）

（2） 5S+SHIUKANKA（习惯化）

7S：

（1） 5S+ Safety（安全）+Service（服务）

（2） 5S+ SHIUKANKA（习惯化）+SHIKOKU（不懈）

8S：

（1）5S+Speed（效率）+Simple（简化程序）+Software（软件设计及运用）

2.3　5S 与经营管理

经营管理最大的目的，是使企业能够永续经营，因此，提高营业额，创造利润，是企业一直追求的目标。

5S活动的实施同样是达成经营目标的一种手段，它和一切改革运动一样具有共同的特点。但是单独要判断将5S做到怎样的程度才能提高营业额并创造利润，却是十分困难且苦恼的。这犹如参加万米比赛的选手，相信练习蛙跳是一种基本动作，且不断去练习它，但要判断须跑多少步或是跳多少次蛙跳才会得到好的名次，却是很困难的。

因此我们并不是由5S观看事物，而是由营业额及利润等来看5S进展的情形，也就是说我们应彻底进行现场活性化及组织系统化直到有好的成绩。换言之，如果我们不单从使工厂美化的观点，而从营业额及利润有良性循环的观点来彻底进行5S的话，我们自己也就可以判断5S 进行的程度是否良好了。

2.4　5S 的三大支柱

5S活动是将具体的活动项目逐一实施的活动，我们将其活动内容分成三大支柱。

首先是创造一个有规律的工厂，5S改变人的行动方法，所以如何训练每个人使每个人能为自己的行为负责就变得十分重要。

其次是创造一个干净的工厂，就是彻底清理目前很少管到的工厂角落或设备缝隙，把污垢灰尘除去，使设备和工厂能焕然一新，令人眼睛一亮。这是一场意识革命。

再次是创造能目视管理的工厂，借着眼睛去观察，且能看出异常之所在，能帮助每个人完成好他的工作，避免发生错误。这也可以说是 5S 的标准化。

三大支柱	创造有规律的工厂	创造干净的工厂	创造目视管理的工厂
目标	提高管理水准（大家是否遵守决定的事项）	提升工厂设备干净度（工厂角落、设备的清洁尽量全面）	加强错误防止力（看到异常能立刻解决，5S 的标准化）
具体的活动项目	1. 大家一起 5S（3 分钟 5S，5 分钟 5S，10 分钟 5S） 2. 分工合作制 3. 平行直角运动 4. 30 秒取出放入 5. 绿化运动 6. 安全用具穿戴运动 7. 100% 出勤周 8. 异常处理训练	1. 清除呆、废品运动 2. 大扫除 3. 光亮运动 4. 加盖防尘 5. 清扫用具管理 6. 整齐运动 7. 透明化 8. 防噪音运动 9. 色彩调整 10. 公告物表示法	1. 看板管理 2. 责任者标示 3. 档案 4. 警示标示 5. 划线 6. 配管色 7. 灭火器 8. 开关表示 9. 置物法 10. 管理界限表示

· 第三篇 ·

5S 推行要领

1. 整理 (SEIRI)
2. 整顿 (SEITON)
3. 清扫 (SEISO)
4. 清洁 (SEIKETSU)
5. 素养 (SHITSUKE)

减少有效空间的浪费

整理推行要领

1. 所在的工作场所(范围)全面检查，包括看得到和看不到的。
2. 制定"需要"和"不需要"的判别基准。
3. 清除不需要物品。
4. 调查需要物品的使用频度，决定日常用量。
5. 制订废弃物处理方法。
6. 每日自我检查。

3.1　整理(SEIRI)

3.1.1　定义

区分要用和不要用的,不要用的清除掉。

3.1.2　目的

把 "空间" 腾出来活用。

3.1.3　推行要领

1. 所在的工作场所(范围)全面检查, 包括看得到和看不到的。
2. 制定 "需要" 和 "不需要" 的判别基准。
3. 清除不需要物品。
4. 调查需要物品的使用频度, 决定日常用量。
5. 制订废弃物处理方法。
6. 每日自我检查。

(1) 所在的工作场所(范围)全面检查, 包括看得到和看不到的。

①地面上

●推车、台车、叉车等搬运工具

●各种良品、不良品、半成品、材料

●工装夹具、设备装置

●材料箱、纸箱、容器等

●油桶、漆罐、油污

●花盆、烟蒂缸

●纸屑、杂物

②工作台

●破布、手套等消耗品

●螺丝刀、扳手、刀具等工具

●个人物品、图表资料

●余料、样品

③办公区域

●抽屉和橱柜里的书籍、档案

●桌上的各种办公用品

●公告板、海报、标语

●风扇、时钟等

④材料架

- 原、辅材料

- 呆料

- 废料

- 其他非材料的物品

⑤墙上

- 标牌、指示牌

- 挂架、意见箱

- 吊扇、配线、配管

- 蜘蛛网

⑥室外

- 废弃工装夹具

- 生锈的材料

- 自行车、汽车

- 托板

- 推车

- 轮胎

清除不要物品

● 杂草

（2）制定"需要"和"不需要"的判别基准。

要	不　　要
1.用的机器设备、电气装置	A.地板上
2.工作台、材料架、板凳	1.杂物、灰尘、纸屑、油污
3.使用的工装夹具	2.不再使用的工装夹具
4.原材料、半成品、成品	3.不再使用的办公用品
5.栈板、监框、防尘用具	4.破烂的垃圾筒、篮框、纸箱
6.办公用品、文具	5.吊、滞料
7.使用中的看板、海报	B.工作台、橱柜
8.各种清洁工具、用品	1.过时的报表、资料
9.文件资料、图表档案	2.损坏的工具、样品
10.作业标准书、检验用样品等	3.多余的材料
	4.私人用品
	C.墙上
	1.蜘蛛网
	2.老旧无用的标准书
	3.破烂的意见箱、提案箱
	4.老旧的海报标语
	D.天花板上
	1.不再使用的吊扇
	2.不再使用的各种挂具
	3.无用的各种管线
	4.无效的标牌、指示牌

●工作场所全面检查后，所有的物品逐一判别，哪些是"要"的，哪些是"不要"的；

●制定"要"和"不要"的基准表，并经开会决议基准，同时也反省不要物产生的根源。

※ 要和不要的基准表

(3) 清除不需要物品。

"要丢又不能丢，真伤脑筋"、"请指示这些不要物该拿到哪儿才好"，这是属下经常疑惑的问题，运用"红牌作战"是较好解决这些问题的技巧之一。

**虽然觉得可惜，
该丢的还是要丢。**

●红牌作战的对象

①机器设备

②库存物品、材料

③作业工具、用品

●红牌张贴基准

①物品不明者

②物品变质者

③物品过期者

●不要物的集中及清除

● "红牌作战"中"红牌"格式

红牌表单

区　分	□设备　　　□辅具　　　□计量器具 □材料　　　□部件　　　□辅助材料 □半成品　　□成品　　　□事务用品 □其他
品　名	
型　号	
数　量	
原　因	□生产预定的估计错误　□老化 □订单取消　　　　　　□使用不良 □设计变更　　　　　　□失去用途 □加工不良　　　　　　□其他
判定者	
处　理 方　法	
部　门	

（4）调查需要物品的使用频度，决定日常用量。

●制定整理基准应针对全公司，进入实施阶段前，应积极召开会议，调整基准：

基 准 表

使 用 次 数	判 断 基 准
● 一年没用过一次的物品	● 废弃 ● 放入暂存仓库
● 也许要使用的物品	● 放在职场附近
● 三个月用一次的物品	● 放在工程附近
● 一星期用一次的物品	● 放在使用地
● 三天用一次的物品	● 放在不要移动就可以取到的地方

※此基准为包含整理和整顿在内的基准例,各企业应针对整理的内容, 制定反映企业制度的基准。

(5) 制订废弃物处理方法。

●设定不要物品的回收制度

●设定循环、转让、烧毁、掩埋等处理方法

●设定废弃小组

●尽量不制造不要物品

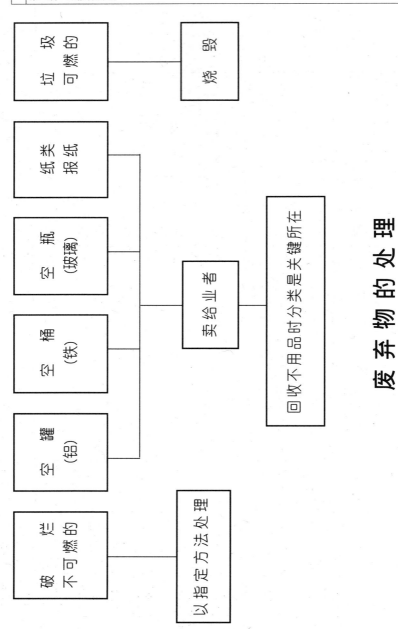

废弃物的处理

（6）每日自我检查。

●所在岗位是否乱放不要物品

●配线配管是否杂乱

●产品或工具是否直接放在地上

　●是否在所定场所按照处理方法分别整理收集废弃物或不要物品

3.1.4 整理活动具体推行方法

对象	划分需要与不需要的物品	决定需要物的数量	处理不需要物	批准者					
				班长	组长	科长	副理	经理	总经理
一、设备	1.现有的生产设备是否在使用？ 2.完全闲置的设备是否不需要？ 3.闲置的设备经整修后是否能使用？ （1）整修后能使用，结合维修费用给予判断。 （2）整修后难以使用的应丢弃。	1.现有数量的设备是否需要给予检讨？ （1）提高运转率以便消减设备台数。 （2）制品定额以及对新产品给予估算，决定需要的台数。 （3）因设计之改善是否可集中有效运用？ （4）判断投资效益。 A.有效益——予以实施。 B.无效益——维持现状。	1.调整折旧年限。 2.在设备帐面上给予注销。 3.折价出售或予以丢弃处理。 ※不能判断是否可予处理丢弃者，则暂放置另外场所，视情况给予处理。						○

（续表）

对象	划分需要与不需要的物品	决定需要物的数量	处理不需要物	批准者					
				班长	组长	科长	副理	经理	总经理
二、产品	对定量产品、特价产品及其他（不需要物品）等予以明确划分。	1.定量产品：(1)检讨生管的方法。(2)将库存量给予削减。2.特价产品：(1)视业务状况设定库存量。(2)每半年相应调整一次。	1.提议申请批准后给予废弃。2.修整后可资利用品经批准后给予活用。						○
三、在制品	对定量产品、特价产品及其他（不需要物品）等予以明确划分。	1..定量产品：按照制品为准。2.特价产品：按照制品为准。3.线上的在制品：按生产计划内数量为准。	按照制品为准。						○

（续表）

对象	划分需要与不需要的物品	决定需要物的数量	处理不需要物	批准者					
				班长	组长	科长	副理	经理	总经理
四、部品零件	定量产品、特价产品及其他(不需要物品)等予以明确划分。	1．定量产品：按照制品为准。 2．特价产品：按照制品为准。 3．生产线上： (1)以当天使用分量或批量为准。 (2)经常使用物品或剩余品应设置固定存放场所。	按照制品为准。						○
五、工具计测器	1.换线、换模用工具、生产工具为必要。	1.经常使用之工具准备各一组置于线上。	1．应考虑其他作业现况。						○

(续表)

对象	划分需要与不需要的物品	决定需要物的数量	处理不需要物	批准者					
				班长	组长	科长	副理	经理	总经理
五、工具计测器	2.其他工具如半个月以上不使用则不应放置。	2.作业场所共同使用之工具应置于容易取用之所。 3.半个月以上不使用的工具应另行管理。	2.关系部门或单位内应统一管理。					○	
六、模具夹具	1.定量产品所需要的全部需要。 临时切换产品,使用者应视库存予以划分。	1.模具、夹具的数量应视生产品而决定。 2.另视必要状况予以保存预备模具、治具。	1.登录于资产帐上的模具、夹具应给予注销。					○	

（续表）

对象	划分需要与不需要的物品	决定需要物的数量	处理不需要物	批准者					
				班长	组长	科长	副理	经理	总经理
七、作业台、工作桌及工作椅	1.有没有使用者? 2.是否适于作业用之工作台? 3.是否只作置物台?	1.作业上应定必要的最少限量; 2.能否给予缩小尺寸; 3.作业形态、作业台等可否予以改善、减少?	1.不要物应从现场予以搬离; 2.对其他作业现场是否可活用予以检讨; 对暂时保管、出售或丢弃处理应予以决定。				○		
八、整修品	能予以修正的,属必要品。	为"零"最好。	1.一天内不能处理的物品,可从线上回收; 2.完全不能修正的,应迅速予以报废处理; 3.不必要品应出售或丢弃处理。				○		

（续表）

对象	划分需要与不需要的物品	决定需要物的数量	处理不需要物	批准者					
				班长	组长	科长	副理	经理	总经理
九、不良品	完全不需要	为"零"最好。	1．自线上于一天内回收；2．尽可能按材质划分后，投入异常品区；3．定期予以出售或丢弃处理。				○		
十、不明物	是何物品？应查明确定后，予以判断是"需要"或"不需要。"	为"零"最好。	提出指定场所，经申报等手续后，予以出售或丢弃。						○

（续表）

对象	划分需要与不需要的物品	决定需要物的数量	处理不需要物	批准者					
				班长	组长	科长	副理	经理	总经理
十、空容器或栈板	1.是否有使用应予以明确划分。2.不要之空箱应考虑予以再利用。	1.根据库存量及流动量算出必要箱数。2.以库存消减活动予以减少箱数。3.生产线上置放箱数以2小时内使用数量为准。	1.剩余及不要的空箱应搬出指定场所。2.一定期间后再检讨予以判断需要和不需要物。3.如判断为不要物的,即予以出售或丢弃。						○
十一、搬运工具〈堆高机〉	1.是否有使用应予以明确划分。	1.根据搬运数量、搬运次数估算后决定使用台数。	1.不要之搬运工具应另行管理,不予以使用。					○	

（续表）

对象	划分需要与不需要的物品	决定需要物的数量	处理不需要物	批准者					
				班长	组长	科长	副理	经理	总经理
十二、搬运工具〈堆高机〉	2.搬运方式应予以明确检讨，决定最适合之搬运工具后，划分"需要"或"不需要"。		2.以公司内外为对象予以检讨活用之部门。3.出售或予以丢弃处理。					○	
十三、整理用橱柜	橱柜内放置物品予以检讨后，再行判断橱柜是否为"不需要"。	决定收放数量后，再定量减少一定限度橱柜数量。	1.不必要之橱柜予以搬出指定场所。2.其他作业场所可否活用应予以检讨。3.定期的检讨整理。4.出售或予以丢弃处分。				○		

（续表）

对象	划分需要与不需要的物品	决定需要物的数量	处理不需要物	批准者					
				班长	组长	科长	副理	经理	总经理
十四、揭示物、揭示板〈公告、标语〉	1．揭示期限应予确定，逾期即为不需要。2．依揭示之必要性及价值予以检讨而判断。	依揭示内容，决定提示物的最小限量。	1．逾期的揭示物应予以处理。2．不要的揭示板应检讨活用于其他部门，如仍不必要者报废。		○				
十五、垃圾筒、烟灰缸	在环境整理上酌情予以考虑必要与不必要。	依回收周期，决定容器的大小及其数量。	1．纸屑、油布等废物应及早自作业场所搬离并弃于指定场所或容器内再予以划分处理。	○					

（续表）

对象	划分需要与不需要的物品	决定需要物的数量	处理不需要物	批准者					
				班长	组长	科长	副理	经理	总经理
十五、垃圾筒、烟灰缸			2．堆积的杂碎废物应予再利用或烧掉处理。3．易燃易爆物及有害性的废物应明订处理方法。	○					
十六、辅料	生产上必要之物和补修用的,应予以明确划分,补修用的不要置放于作业现场内。	作业现场内放置数量以3天内为基准。	1．不需要物搬置于指定的存放场所。2．确定其他部门能否活用后,将不需要物丢弃处理。				○		

(续表)

对象	划分需要与不需要的物品	决定需要物的数量	处理不需要物	批准者					
				班长	组长	科长	副理	经理	总经理
十七、材料	1．材料是否需要使用,应予以明确划分。2．材料是否可使用,应予以明确划分。	按照制品为准。	1．搬至指定场所。2．定期予以出售处理。						○
十八、边角料	虽不需要,但仍不可避免之物。	按照制品生产量及收取为准。	1．须及早自作业场所搬到指定场所并予以划分。2．出售或予以丢弃处理。					○	

(续表)

对象	划分需要与不需要的物品	决定需要物的数量	处理不需要物	批准者					
				班长	组长	科长	副理	经理	总经理
十九、清扫用具	是否备妥在随时可使用的状态,予以划分。	以尽可能共同使用为原则,算其必要数量。	不要的清扫用具予以挑选,能使用者予以集中保管。			○			
二十、包装材料	依是否使用予以考虑和划分。	1.生产线上最大用量以一星期为准。	1.能使用者置于指定场所,予以集中保管;2.不使用者予以废弃处理。			○			

3.1.5　具体案例

（一）为何红牌变成黄牌

在"红牌作战"中，虽然只是在不需要的东西上贴红牌，对现场人员来说，却是很难动手做的一件事。

辅导过程中，有一件事让笔者记忆深刻：在对实施过红牌作战的现场进行检查时，发现原先设定的红牌变成了黄牌，当询问现场主管究竟是怎么回事时，现场主管不好意思地搔着头解释：

"红牌我们一张也贴不上去！"

"为什么呢？"

"我们已经做过多次检讨，好像没有任何不必要的东西。"

笔者只好和他一起巡视制造现场。

"这个零件什么时候用呢？"

"这个月虽然用不上，但是下个月可能用得上！"

"哦，那就应贴上红牌。"

"这个呢？"

"这是季节性物料，以后一定会使用！"

又是一张红牌贴上……

在现场工作的人，对于自己精心制造，花长时间储存下来的物品，会有一种难以割舍的情感，而不愿贴上红牌，例如一些产品的专用检测仪器，一旦产品结束，只能偶尔拆些零件再利用。但知道它最初用途的人会舍不得将它丢掉，这也是人之常情。这样会有许多东西不知道要还是不要，这些不确定的东西就会被贴上黄牌。

事实上，红牌作战的秘诀，是要慷慨、断然，不能有丝毫的迟疑。如果有模棱两可的答案，大家一定会找逃避的借口，现场的整理工作就难以实施。

（二）因为"有"反而造成不便者

　　某加工车间的工程布置如图（一）所示，上一工程加工完毕后要搬运到下一工程，因为"有"中间隔墙和门，而特意要去开门和关门，这样反而造成搬运作业的许多不便。经过拆除隔墙和门以后，流程得以重新布置，如图（二），搬运作业减少，作业人员也同样得以减少。所以，建筑上若无不妥，门和墙壁都要作为整理对象。

因为"有"反而造成不便者

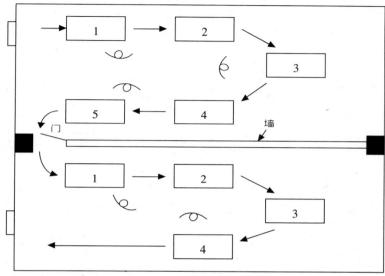

图(一)消除搬运

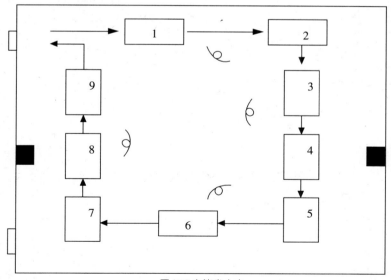

图(二)也能省人力

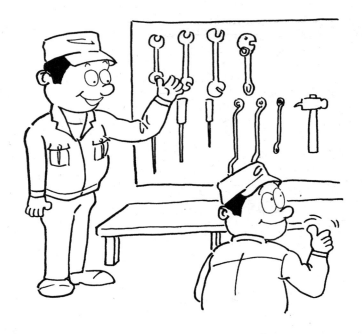

一目了然，不用花时间去找

整顿推行要领

1. 要落实前一步骤整理工作
2. 布置流程，确定置放场所
3. 规定放置方法
4. 划线定位
5. 标识场所物品（目视管理的重点）

3.2 整顿（SEITON）

3.2.1 定义

要用的东西依规定定位、定量地摆放整齐，明确地标示。

3.2.2 目的

整齐、有标示，不用浪费"时间"找东西。

3.2.3 推行要领

1. 要落实前一步骤整理工作
2. 布置流程，确定置放场所
3. 规定放置方法
4. 划线定位
5. 标识场所物品（目视管理的重点）

重点：

●整顿要形成任何人都能立即取出所需要东西的状态；

●要站在新人、其他职场的人的立场来看，使得什么东西该在什么地方更为明确；

●对于放置处与被放置物，都要想办法使其能立即取出使用；

●另外，使用后要能容易恢复到原位，没有回复或误放时能马上知道。

亮丽的环境来自于整理整顿

（1）要落实前一步骤整理工作

●整理工作没落实则不仅空间浪费，而且零件或产品会因变旧不能用而造成浪费；

●连不要的东西也要管理会造成浪费（例如库存管理或盘点都较麻烦）；

（2）布置流程，确定置放场所

●参照整理中"依使用频率判断之基准"，决定置放场所；

●物品的放置场所原则上要 100% 设定；

●置放场所可以用电脑模拟或沙盘推移图来演练，以便配置；

●流程布置基本上依循的原则是：综合原则、最短距离原则、流程化原则、立体原则、安全与满足感原则以及弹性化原则；

●物品的保管要定位、定量；

●生产线附近只能放真正需要的物品；

●放置场所的最适空间，可运用弹性设定；

●堆高标准一般为 120 cm，高度超过 120 cm 的物料，宜放置于易取放的墙边；

●危险品应在特定的场所保管；

●不良容器应及时清除，纸类物品不可放于潮湿场所；

●无法按规定位置放置的物品，应挂「暂放」标识牌，注明原因、放置时间、负责人、预计放至何时等。

放置场所的设定

（3）规定放置方法

●以类别型态来决定物品的放置方法。

①产品按类别放置,例如某种型号的机械维修工具集中放置;

②机能按类别放置,例如A型、B型以及O型皮带归类放置。

●立体放置, 提高收容率。

●尽可能按先进先出的方法放置。

●危险场所应用栅栏等隔离。

●放置方法的原则为平行、直角。

●不超过所规定的范围。

●在放置方法上多下工夫。

●清扫用具以挂式方法放置。

●必要时, 设定物品负责人及点检表。

（4）划线定位

●色带宽度的参考标准：

①主通道：10 cm。

②次通道或区域线：5~7 cm。

●通道宽度的参考标准：

①纯粹人行道：约 80 cm 以上

②单向车通道：约 W 车 +60 cm 以上（W 车为车身最大宽度）

③双向车通道：约 W 车 1+W 车 2+90 cm 以上

●划线定位方式：

①油漆

②定位胶带

③磁砖

④栅栏

●颜色表示区分：

①黄色：一般通道、区域线

②白色：工作区域

③绿色：料区、成品区

④红色：不良品区警告、安全管制等

※具体用何种颜色视原先的底色而定。

（5）标识场所物品（目视管理的重点）

●放置场所和物品原则上一对一标识。

●标识要包括现场的标示和放置场所的标识。

●在标识方法上要多下工夫：容易变更的标识以及活用颜色的标识。

●表示方法：标签、显示板、现场、表示在境界线带上。

放置场所和物品原则上一对一标识

3.2.4　工装夹具等频繁使用物品的整顿

应重视并遵守使用前能"马上取得",使用后能"立刻归位"的原则。

（1）应充分考虑能否尽量减少作业工具的种类和数量,利用油压、磁性、卡榫等代替螺丝,使用标准件,将螺丝共通化,以便可以使用同一工具。

（2）考虑能否将工具放置于作业场所最接近的地方,避免使用和归还时过多的步行和弯腰。

（3）在"取用"和"归还"之间,应特别重视"归还",需要不断地取用、归还的工具,最好用吊挂式或放置在双手展开的最大极限之内。采用插入式或吊挂式"归还原位",也要尽量使插入距离最短,挂放方便又安全。

（4）要使工具准确归还原位，最好以影印图、区分的颜色、特别记号、嵌入式凹模等方法进行定位。

工具的摆放

3.2.5　切削工具类的整顿

这类工具在重复使用以及搬动时容易发生损坏,整顿时应格外小心:

（1）频繁使用的, 应由个人保存；不常用的, 则尽量减少数量, 以通用化为佳。先确定必需用的最少数量, 将多余的收起来集中管理。特殊用途的刃具更应标准化以减少数量。

（2）容易碰伤的工具, 存放时要方向一致, 以前后方向直放为宜, 最好能采用分格保管或波浪板保管, 且避免堆压。

（3）注意防锈, 抽屉或容器底层铺上浸润油类的绒布。

3.2.6　夹具量具等的整顿

测量用具的操作和保管，须特别小心：

（1）将量具放置在机器台上，为防止滑落或撞击，必须铺上橡胶垫。

（2）圆筒状如螺旋测量器等，放置在一起时前后方向应一致，互相间隔开。

（3）细长的试验板、规尺等，为防止翘曲，应以垂直吊挂为宜。

（4）测试用水平台不用时，须加盖子。

（5）量具必须注意防尘、防污、防锈，不用时涂上防锈油或用浸油的绒布覆盖。

3.2.7 在制品的整顿

在生产现场,除了设备和材料,在制品是占据生产用地最多的物品,因此,也是生产现场的主要对象。

"整顿"在制品,应考虑以下问题:

(1) 严格规定在制品的存放数量和存放位置。

确定工序交接点、生产线和生产线之间的中继点所能允许的在制品标准存放量和极限存放量,指定这些标准存放量的放置边界、限高,占据的台车数、面积等,并有清晰的标示以便周知。

(2) 在制品堆放整齐,先进先出。

在现场堆放的在制品,包括各类载具、搬运车、栈板等,要求始终保持叠放整齐,边线相互平行或垂直于主通道,既能使现场整齐美观,又便于随时清点,确保在制品"先进先出"。

(3) 合理的搬运。

●放置垫板或容器时,应考虑到搬运的方便。

●利用传送带或有轮子的容器来搬动。

(4) 在制品存放和移动中,要慎防碰坏刮痕,应有缓冲材料将在制品间隔以防碰,堆放时间稍长的要加盖防尘，不可将在制品直接放在地板上。

　　(5) 不良品放置场地应用红色标示。如果将不良品随意堆放，容易发生误用，所以要求员工养成习惯，一旦判定为不良品，应立即将其放置于指定场所。

3.2.8 仓库的整顿

以定位、定量、定容来整顿仓库。

（1）定位

●材料及成品以分区、分架、分层来区分。

●设置仓库总看板，使相关人员对现况的把握能一目了然。

●搬运工具的定位，以便减少寻找时间。

●严守仓库的门禁和发放时间。

仓库标示总看板

仓库布置区域图	仓库区域对照表	

仓库布置区域图：门 / A1 A2 A3 A4 / B1 B2 B3 B4 / D1 D2 D3 D4 D5 D6 D7 D8 D9 D10 / E1 E2 E3 E4 E5 / 门

区域	品名
A1	弹簧
A2	螺帽
A3	
A4	
A5	
⋮	

（2）定量

●相同的物品，在包装方式和数量上应尽量一致。

●设定标准的量具来取量。

●设定最高限量基准。

（3）定容

各种材料、成品的规格不一，要有不同的容器来装载，大小不一的容器不仅显得不整齐，同时也浪费空间，容器的规格选择亦须考虑搬动的方便。

3.2.9 办公室的整顿

（1）工作区域

●有隔间的，在门口处标示部门。

●有隔屏的，则在隔屏的正面标示部门。

●无隔屏的，则在办公桌上以标示牌标示。

●办公设备实施定位。

●桌垫底下放置的内容最好统一规定，保持整洁。

●长时间离位以及下班时，桌面物品应归好位，锁好抽屉，逐一确认后才离开。

（2）资料档案

●整理所有的文件资料，并依大、中、小进行分类。

●不同类别活用颜色管理方法。

●文件内页引出纸或色纸，以便索引检出。

（3）看板、公告栏

●看板、公告栏的板面格局区分标示，如"公告"、"教育训练信息"、"资料张贴"等。

●及时更新资料

（4）会议室、教室

●所用物品如椅子、烟灰缸、投影仪、笔、笔擦等应定位。

●设定责任者，定期以查核表逐一点检。

3.2.10　清扫用具的整顿

（1）放置场所

●扫把、拖把，一般感觉较脏，勿置放于明显处。

●清扫用具绝对不可置放于配电房或主要出入口处。

配电房不可堆放杂物

（2）放置方法

●长柄的如扫把、拖把等，用悬挂方式放置。

●畚斗、垃圾桶等，在地上定位。

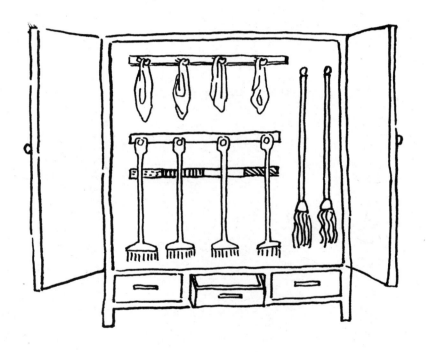

清扫工具放置柜

3.2.11　整顿活动具体推行方法

对　象	标　示	定　位
1．通道		(1)尽量避免弯角，考虑搬物方式采取最短距离。 (2)通路之交叉处尽量使其直角。 (3)左右视线不佳的道路交叉处尽量予以避免。
2．设备	(1)设备名称及使用之说明予以标示。 (2)危险处所应标示"危险"。	(1)不移动的设备不要划线 (2)移动的设备要划线
3．成品 4．在制品、半成品 5．零件	(1)放置物、数量、累积数等应予以明示。 (2)固定位置：品名、编号予以明示。 (3)自由位置：位置号予以明示。 (4)应设立位置管理板。	所定之放置方法（搬运台）、栈板、台车……等每一区域应予划线。
6.模具、夹具	模具、夹具应注意记名称。	(1)模具、夹具放置场所应予明示、并按其必要在架上予以标示。

(续表)

对 象	标 示	定 位
7. 工具	(1)按用途别予以区分亦可。例如：日常作业、换线用、修理用。 (2)不同作业台、机械、设备、模具以油漆或带予以颜色层别。 (3)尺寸大小不同者应予以明示。	工具车、工具箱等按单位别予以划线。
8. 不良品、整修品	(1)不良品的托盘应标示。 (2)整修品的托盘应标示。	
9. 空容器、搬运台、栈板	(1)装置箱之种类、数量、累积数等予以明示。 (2)箱子与其放置场所有关连之必要者，以颜色予以分别。	(1)搬运台或以箱数为单位作为一定相。
10.搬运具(堆高车、拖板车)	堆高车之负责者的姓名应明示于车上。	每台予以划线。

(续表)

对　　象	标　　示	定　　位
11.搬运车 　　（台车）	(1)装置品名应予以明示。 (2)装置品名、台车停置场应将品名、编号、最大台车数予以明示。 (3)叠置台车应将其高度限置予以明示。 (4)台车与垃圾放置场所有关连之必要者，应以颜色予以区别。	(1)每一台予以划线。 (2)最大台车数应划线予以限制。 (3)装置之箱已决定者，于白线之内侧用指定颜色予以划线。
12.橱柜	(1)将橱内置放物品、编号、品名予以明示。 (2)橱内置放物之配置一览表应予明示。	每一橱柜，应予划线。
13.下脚、残料	下脚、残料之材质应明示于容器。	应予划线
14.物料、消耗性物料	(1)油、稀释剂等应明示严禁烟火。 (2)品名、规格（尺寸）等应予明示。	橱子单位、罐单位等予以分别划线。
15.材料	材质、规格等应予明示。	应予划线。

（续表）

对　　象	标　　示	定　　位
16.清扫工具	使用作业名称及常备之清扫工具的名称、数量应予以明示。	视具体情况给予划线。
17.包装材料	包装材料名称应予明示。	应予划线。
18.帐票类、档案类	账票、档案名称应予明示。	

3.2.12　具体案例

某配件工厂，在模具管理方面非常薄弱，仅用铁丝网围出一块模具放置区域，置放方法也不明确，加上员工未养成良好的习惯，常常没有及时将用完的模具很好地归位，往往造成模具需要使用时才匆忙维修，甚至找不到模具等诸多浪费。

顾问师建议将各种模具系统分类，然后做梯形模具放置架，底层置放大的模具，上层置放小的模具，并制作看板——模具情况一览表，将库存模具、在生产中的模具、在维修中的模具以及外协调出等模具所处状态——作显示（如图示）。这样教育员工养成良好的置放习惯，严格实施自助取用方式，并将模具挂牌挂在相应的状态栏目内。实施数个月后，该车间的模具管理取得了显著的进步。

清除脏污，彻底改善

清扫推行要领

1. 建立清扫责任区(室内外)。
2. 执行例行扫除, 清理脏污。
3. 调查污染源, 予以杜绝。
4. 建立清扫基准, 作为规范。

3.3　清扫（SEISO）

3.3.1　定义

清除职场内的脏污，并防止污染的发生。

3.3.2　目的

清除"脏污"，保持职场内干干净净、明明亮亮。

3.3.3　推行要领

1. 建立清扫责任区（室内外）。
2. 执行例行扫除，清理脏污。
3. 调查污染源，予以杜绝。
4. 建立清扫基准，作为规范。

　　重点：清扫就是使职场达到没有垃圾、没有脏污的状态。经过前面的整理、整顿，虽然要的东西马上就能取得，但是被取出的东西是否能正常使用呢？清扫的第一目的就是要使工具等能正常使用。尤其目前强调高品质、高附加价值产品的制造，更不容许有垃圾或灰尘的污染，造成产品的不良。我们应该认识到清扫并不仅仅是打扫，而是加工工程中重要的一部分，清扫是要用心来做的。

　　（1）建立清扫责任区（室内外）

●利用公司的平面图，标识各责任区及负责人。

●各责任区应细化成各自的定置图。

●必要时公共区域可采用轮值的方式。

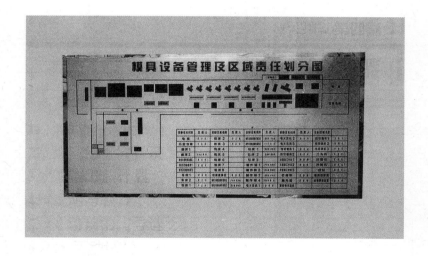

清扫责任区域划分图

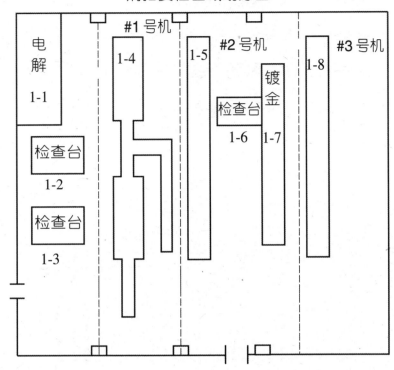

No.	姓名	责任区域	色别	备注
1	陈XX	1-1，1-2，1-3	红色	
2	李XX	1-4	蓝色	
2	张XX	1-5，1-6，1-7	绿色	
2	赵XX	1-8	黄色	

（2）执行例行扫除，清理脏污

●规定例行扫除的内容，每日、每周的清扫时间和内容。

●清扫过程中发现不良之处，应加以改善。如：

①墙壁、天花板脱落；

②死角、擦拭不到的地方；

③地板破损的地方。

●清扫应细心，具备不容许污秽存在的观念。

①配线、配管上部的擦拭；

②机器设备周围的清扫；

③转角处的清扫；

④日光灯内壁和灯罩的清扫；

⑤洗手间、茶水间地板的清扫；

⑥工作台、桌子底部的清扫；

⑦橱柜上下部的清扫。

●清扫用品本身保持清洁与归位。

（3）调查污染源，予以杜绝。

●脏污是一切异常与不良的根源。

①电路板上的脏污，是短、断路的主因。

②机器上残留的切屑，会影响到精度。

③加工削油的流淌，会造成马达过热、烧坏。

●调查脏污的源头：

①调查一般污染的源头。

②对污染的形态、对象予以明确化。

③调查发生部位、发生量，影响程度。

④研究采取对策。

污染的源头管理

●检讨脏污的对策：杜绝式、收集式。

①杜绝式

针对源流部分进行管理，从技术层面入手，如改善生产设备，修理损坏部分，省略产生脏污的工序等。如设计免用油路设备，可去掉油污；密封圈的更新可杜绝渗漏。

②收集式

在无法杜绝污染发生时应于污染产生后进行有效的收集。

对策构想	采用方式
杜绝式	1. 制程设计 　使制程加工过程中不产生粉尘、脏污等 2. 滴漏防止 　采用封套式、密闭式 3. 设备维修 　设备零部件松动或损坏的修理 4. 跌落防止 　改善搬运方法加固方式
收集式	1. 收集容器、流槽的形状、大小 2. 收集污染的能力 3. 收集污染的整体结构系统 4. 收集后的清洗和处理

No.	现象面	要点	主要对策
1	垃圾、脏污	灰尘、污垢、铁锈、纸屑、粉尘、其他污染	清扫
2	油	漏油、断油、油种错误、油量不足	修理、加油、换油、清扫
3	温度、压力	超高温、超压、温度、压力不足或异常	修理至恢复原状为止
4	松动、松脱	螺栓螺帽、轮带、熔接松动或松脱	锁紧、更换、复原修理
5	破损	导管弯折、破裂、开关破损,把手破损,回转处卡死	更换、复原修理

（4）建立清扫基准，作为规范

●清扫点检要项。

●建立清扫基准：

①清扫对象

②清扫方法、重点

③要求标准

④周期

⑤时机

⑥使用的清扫工具

⑦使用时间

⑧负责人

清扫就是点检

3.3.4 资料文件的清扫

●定期整理个人及公共档案文件。

①保留经常使用和绝对必要的资料；

②保留机密文件和公司标准书档案文件；

③保留必须移交的资料；

④废弃过时和没有必要的文件。

●丢弃不用的档案文件。

①建立文件清扫基准；

②机密文件销毁必须进行管制；

③一般的废弃文件、表单背面再利用；

④无法利用的集中起来，卖给业者。

●文件档案清扫基准：

①过时表单、报告书、检验书；

②无用的 DM、名片；

③修正完毕的原稿；

④回答结案的文件；

⑤招待卡、贺年卡，过期的报纸、杂志；

⑥改善过的各式表单；

⑦过期的变更通知书、联络单；

⑧无保留价值的传真；

⑨会议通知、资料等。

3.3.5 机器设备的清扫

●建立员工和机器设备的切身感。

①以产能、稼动率、综合效率和奖金挂钩来体现；

②设定具体的责任者来维护和检查。

●以良好的心态来清扫设备和周围的环境。

①设备内外不要品的清扫，如废料、垃圾、不良品；

②配套设备的清扫，如风管、排气扇等；

③依"清扫安全基准"对电气部分进行清扫；

④设备周围死角部分的清扫。

●机器设备擦拭干净后，应细心检查。

①检查注油口、油槽、水槽、配管及接口、各给油部位；

②由电气部门人员参与检查电器控制系统开关，紧固螺丝，检查指示灯、转轴等部位是否完好。

3.3.6 公共区域的清扫

●公共区域的干净维护，可体现群体的美德。

①休息室、会客室、洗手间等，大家共同使用的场所，容易脏乱；

②视情况，负责人采取轮流或固定方式；

③明订清扫基准和查核表；

④上级领导重视和关心；

⑤对全员进行教育和宣导。

●会议室清扫查核表：

日期	会议桌	地板	窗户	门柜	灯罩	椅子	奖杯奖牌	画框	白板	笔、笔擦	电话机	烟灰缸	纸杯	窗帘	垃圾桶	查核表
附注	1."○"表示良好，"×"表示不良； 2.发现不良现象,责任人应尽速改进。															

3.3.7　具体案例

清扫是要用心来做的

笔者访问某家电脑零件加工厂,在厂入口处的一间房屋里,访客可将身上的灰尘吸净,然后换上白色长上衣,戴上白色帽子,再换上干净的拖鞋才进去。该厂对灰尘、垃圾的管制可以说相当的严格,让笔者感到佩服。但是,当笔者目不转睛地注视时,却发现了出乎意料的事实:

作业台上方日光灯的罩子上积了一层灰尘,都可以在上面写字了。用来调节送风的百页扇也积了许多灰尘,好像很久没有扫除了。

笔者顿时了解,一定是他们误解了清扫的意思。

一般的观念是,把垃圾扫起来,把脏的地方弄干净就是清扫,但是,现在企业所需求的不是这种表面上的工作。

笔者认为"清扫是要用心来做的",即使已经打扫过,但只要地面上还有粉屑,走起路来还有沙沙的声音,同时还有漏油的痕迹,而仪表上也覆盖了一层灰,看不清楚指针的位置,作业指导书黑乎乎的,写些什么也不清楚,那么,清扫工作还得继续。清扫不仅仅是打扫,也包括擦拭,以心为主,尽心诚意地清扫,这才是清扫真正的精神。

　　寺庙里的木板走廊之所以光光亮亮的, 是因为寺庙里的师父辛苦擦拭。

　　在"擦光、擦亮"的动作中, 可以发现漏油、漏气、零件异常、运转不良等。这就是清扫检查的理由。因此, 需要依据打扫→擦拭→检查→修理→刷擦→涂抹→遵守的程序进行。

形式 ——→ 行事 ——→ 习惯

清洁推行要领

1. 落实前 3S 工作；

2. 制订目视管理、颜色管理的基准；

3. 制订稽核方法；

4. 制订奖惩制度，加强执行；

5. 维持 5S 意识；

6. 高阶主管经常带头巡查，带动重视。

3.4　清洁（SEIKETSU）

3.4.1　定义

将前3S实施的做法制度化、规范化，并贯彻执行及维持成果。

3.4.2　目的

通过制度化来维持成果，并显现"异常"之所在。

3.4.3　推行要领

1.落实前3S工作；
2.制订目视管理、颜色管理的基准；
3.制订稽核方法；
4.制订奖惩制度，加强执行；
5.维持5S意识；
6.高阶主管经常带头巡查，带动重视。

5S一旦开始，不可在中途变得含糊不清，如果没能贯彻到底，又会形成另外一个污点，而这个污点也会造成公司内固定而僵化的气氛。部分员工会认为"我们公司做什么事都是半途而废"，"反正不会成功"，"应付应付算了"。要打破这种僵化的现象，唯有坚持贯彻到底。经过长时间烙上的污点，需要花费一定时间来改正。

（1）落实前 3S 工作

●彻底落实前 3S 的各种动作。

●充分利用文宣活动，维持新鲜的活动气氛。

● "整理"、"整顿"、"清扫" 是动作，"清洁" 是结果，即在工作现场进行整理、整顿、清扫过后呈现的状态是清洁。

（2）制订目视管理、颜色管理的基准

●清洁的状态，在狭义方面是指 "清净整洁"，在广义上则是指 "美化正常"，也就是除了维持前3S的效果以外，更要透过各种目视化的措施，来进行点检工作，使「异常」现象无所遁形而立刻加以消除，让工作现场保持在正常的状态。

●借整顿之定位、划线、标示，彻底塑造一个地、物明朗化的现场，而达到目视管理的要求。

●如一个被定为 "台车" 的地方，被置放 "半成品"，即可显示 "异常"，应加以处理。

●目视管理的方法：

A．管理标笺

①润滑油标笺：最具代表性的应用，可获知油种、色

别、加油周期等；

②计测、仪表标笺：标示测定器、仪表的管理级数、精度、校正周期等；

③热反应标笺：若设备的温度超过某既定温度，则标笺的颜色起变化，可代替温度计，作温度管理之用。例如马达或油压泵，由于异常发热，依事前标笺颜色的变化而进行预防保养，可防止马达或油压泵烧毁。

B．管理界限标识

①仪表范围标识：以线或色别分出一般使用范围与危险范围，原物料、半成品、配件、备品等最低库存量，亦可借颜色提醒担当者，而加以管理。

②对齐标记：将螺帽和螺丝锁紧后，在侧面画一条线，如果以后线的上下未对齐，则可发现螺丝已松，以防止设备故障、灾害。

③定点相片：标准难以用文字表达者，在同一地点、同一角度对着现场、作业照相，以其作为限度样本和管理的依据。

C．着色：可依重要性、危险性、紧急性程度，以各种颜色提醒有关人员，以便监视、追踪、留意，而达到时效、安全的目的。

（3）制订稽核方法

●建立清洁稽核表。

●作业人员或责任者应认真执行，逐一点检工作。

●主管人员做不定期的复查。

（4）制订奖惩制度，加强执行

●依 5S 竞赛办法，对在 5S 活动中表现优良和执行不力的部门及人员予以奖惩。

●奖惩只是一种形式，而团体的荣誉与不断地进步才是最重要的。

（5）维持 5S 意识

①公司与全体员工必须永远抱着要推进 5S 的心情。

● 5S 的信息、期刊；

● 5S 的海报、5S 徽章、5S 标语；

● 5S 的工具要能运用自如，经常维持新鲜的心情。

②赋予对 5S 的动机。

●公司的 5S 水准现在已达到什么程度；

●目标在何处；

●再提升多少水准的话，就能超过其他竞争厂家。即公司 5S 水准要明确化，以利于推进。

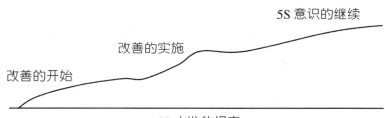

5S 意识的继续

改善的实施

改善的开始

5S 水准的提高

（6）高阶主管经常带头巡查，带动重视

●上级关心，下级才有责任心。

●有缺失应当场指正。

●属下应抱"立即纠正"的心态来执行。

上级有关心，下级才有责任心

3.4.4 具体案例

清洁是结果

曾有一家企业推行 5S 活动一阶段后难以持续下去，邀请笔者到厂进行诊断。在了解现场过程中，笔者发现许多清扫用具随意放置。询问主管为何会出现如此状况，主管回答说："可能是刚刚被破坏，刚才还是挺整洁的"。可见主管没有任何自责的心态。同时也发现机器底部相当脏污，清扫员工对问题的解释是怕清扫机器底部时会发生漏电。乍听起来似乎也有一点道理，实则在狡辩。

5S 要较好地持续进行，正确的意识观念尤为重要。其实清洁并没有具体方法，仅是结果、状态的呈现，身为主管，对不良现象应负起责任，并且一经发现就应加以指责，员工应自觉养成好习惯，不可具有"这一点也有问题吗"、"要做得这么细吗"等想法。如何使团队中的成员成为"指责高手"、"被指责高手"以及"感受高手"，是清洁的关键。指责高手是指发现问题立即指出，多次违反时应加以责备。被指责高手是指被指责时，应心存感激，认为是自我成长的最好机会。感受高手是指团队的成员能形成共识。其实，清洁要达到犹如每天刷牙、洗澡的习惯一般，没有做的时候会觉得不对劲的境界。唯有到此地步，5S 的持续进行才不会感觉太麻烦。

和谐的氛围是素养的基础

素养推行要领

1. 持续推动前 4S 至习惯化；
2. 制订共同遵守的有关规则、规定；
3. 制订礼仪守则；
4. 教育训练(新进人员加强)；
5. 推动各种精神提升活动(早会、礼貌运动等)。

3.5 素养

3.5.1 定义

人人依规定行事，养成好习惯。

3.5.2 目的

改变"人质"，养成工作规范认真的习惯。

3.5.3 推行要领

1.持续推动前 4S 至习惯化；
2.制订共同遵守的有关规则、规定；
3.制订礼仪守则；
4.教育训练(新进人员加强)；
5.推动各种精神提升活动(早会、礼貌运动等)。

重点：

教养不但是5S之最终「结果」，更是企业界各主管期盼的「终极目的」。因为，如果企业的每位员工都有良好的习惯，且能遵守规定的事项，那么身为主管一定非常轻松，工作命令必能贯彻，现场纪律亦能划一，而各项活动的推动必会得以落实。

在 5S 活动中，我们不厌其烦地指导员工做整理、整顿、清扫、清洁,其目的不仅仅在于希望员工将东西摆好,设备擦拭干净而已,更主要的,在于透过细琐、简单的动作,潜移默化,改变气质,养成良好的习惯。

虽然辛苦,但感觉很温馨

(1)持续推动前4S至习惯化

●前4S是基本动作，也是手段，通过这些基本动作和手段，来使员工在无形中养成一种保持整洁的习惯。

●作为主管应不断教导部属，加强前4S的执行和改善，以改变行为习惯。

●5S推行一年，基本能定型化，但轻易地放松和忽视，是很容易开倒车的。

●每年可选定某一月份为「5S加强月」。

(2)制定共同遵守的有关规则、规定

●除非是公司政策性的决定，否则一般性的规则和约定尽可能让员工参与协商来设定内容。

①作业要点；

②安全卫生守则；

③服装仪容；

④礼貌运动须知。

共同制定遵守的规则

●将各种规则或约定目视化，让规则和约定用眼睛一看就能了解，而不必伤脑筋去判断。

①利用漫画方式订成管理手册；

②制成图表；

③制成标语、看板、卡片。

目视化场所应选在明显且容易被看到的地方。

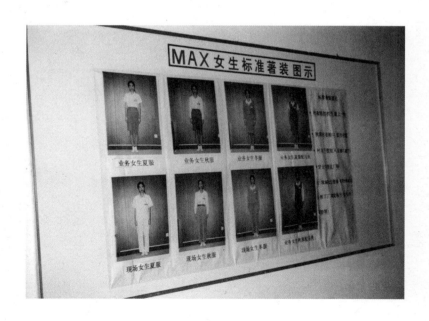

(3)制订礼仪守则

古人说："良言一句三冬暖，恶语伤人六月寒"，可见择言选语是何等的重要。鲁迅先生也说："语言有三美，意美在感心，音美在感观，形美在感目。" 令人 "三感" 美，贵在语言的表达上，望每句话都能使人心暖 "三冬"，情感 "三美"。

●语言礼仪

※早上好、早、您早

※请、劳驾、拜托

※日常招呼

※谢谢、多谢、让您费心了

※对不起、抱歉、请原谅

※于主任、陆老、小王

●电话礼仪

※您好，这是××公司。

※对不起，您打错了。

※您好，请问张小姐在吗？

※您好！我就是，请问您是哪一位？

※对不起，她不在，请问能帮您什么吗？

※微笑、平易近人、和蔼可亲

●仪表礼仪

※坐姿礼仪

※走姿礼仪

※头发、化妆礼仪

※真诚谦虚恭待人

※办公室内文明用语

※佩挂厂牌

●行为礼仪

※正确穿戴工作服、鞋

※在规定的场所吸烟

※在指定的地点进食

(4) 教育训练（新进人员加强）

●新进人员的专项训练、5S 推行手册、行为约定

●每天利用早会提升共识

●各单位日常在职训练

● IE、QC改善手法的训练

(5)推动各种精神提升活动（早会、礼貌运动等）

●早会

①促进公司全体员工对工作的理解；

②相互交谈可以增进公司内部的沟通交流；

③使每个人朝气蓬勃地开始一天的工作。

●员工演讲，以亲身的感受来感染同事

●推行礼貌活动

①透过传播媒体协助宣导，刊登礼貌活动的内容；

②干部率先倡导实践。

●实施自主改善活动

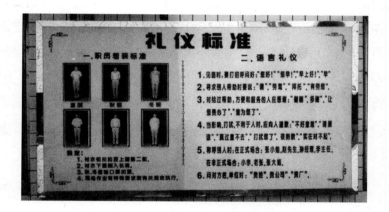

※※※※※※※※※※※※※※※※※※※※※※※※※※※※※※※※※※※
有人丢垃圾、无人捡垃圾的工厂是三流的工厂
有人丢垃圾、有人捡垃圾的工厂是二流的工厂
无人丢垃圾、有人捡垃圾的工厂是一流的工厂
※※※※※※※※※※※※※※※※※※※※※※※※※※※※※※※※※※※

3.5.4 具体案例

遵守共同约定的事项

笔者曾参加某厂家的会议，在约定的开会时间过1分钟后，有的干部才匆匆赶到，而最后到会者已是迟到5分钟。对其迟到的原因作进一步的调查，回答大致为机器突然出现故障无法脱身，或者刚好和某位主管商谈重要问题等等。事实上，大家都清楚时间过去是无法再补回的，因而为了遵守时间，得有很好的时间观念，任何事项如果不设定期限，就会变得漫无规则。所以为了遵守时间就得做好计划，万一实在无法准时赶到，应事先进行联络。

如果以客户的眼光来看同样的问题，会显得尤为严重。双方约定好的事项，诸如交期、品质等，如果被延误耽搁以后才和客户解释许多原因，客户怎能放心地将订单交给我们呢？基本的工作方法、态度及待物方法是我们向客户宣传的最好事项。如果在一个团队里，共同约定的事项都没能遵守，将会是乱七八糟的。所幸的是，此家企业在笔者辅导过后，面貌焕然一新，公司的规章制度皆能彻底去实施。

· 第四篇 ·

推行步骤

1. 成立推行组织
2. 拟定推行方针及目标
3. 拟定工作计划
4. 说明与教育
5. 活动前的宣导造势
6. 5S 活动试行
7. 5S 活动评鉴
8. 5S 活动导入实施及查核
9. 评鉴公布及奖惩
10. 检讨及改善修正
11. 纳入定期管理活动

4.1 成立推行组织

4.1.1 活动导入程序图

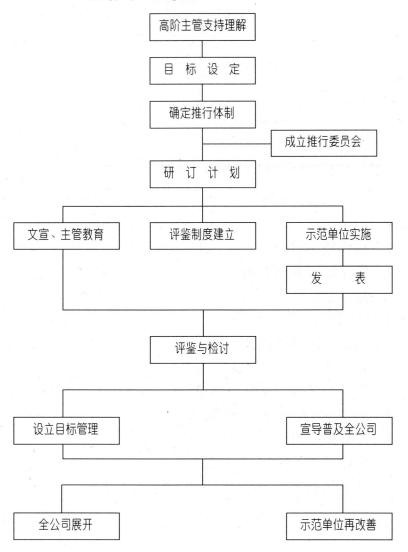

4.1.2 成立推行委员会

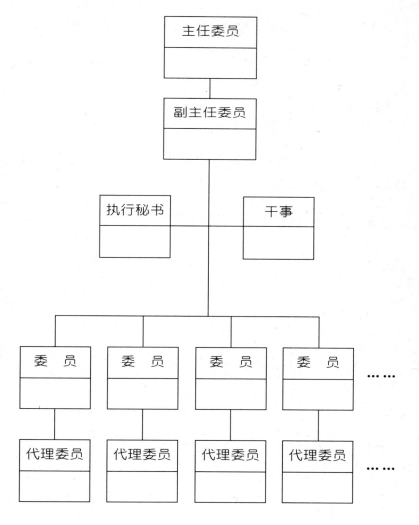

　　成立推行委员会，结合组织力量，以形成体系的保障。

4.1.3　确定组织职责

（1）推行委员会：负责 5S 活动的计划和开展工作。

（2）主任委员：负责委员会的运作，并指挥监督所属委员。

（3）副主任委员：

a．辅助主任委员处理委员会事务，并于主任委员授权时，代行其职务；

b．负责全程计划、执行和管制。

（4）干事：

a．拟定推行方案；

b．召集会议和整理资料；

c．筹划、推动相关活动。

（5）执行秘书：

a．负责委员会的行政、文书工作；

b．负责评比分数的统计和公布。

（6）委员：

a．共同参与制订 5S 活动的计划，确实执行主任委员之命，平时并为 5S 活动的评比委员；

b．拟定活动办法；

c．完成诊断表、评分表；

d．负责规划活动；

e．进行宣传教育、推动 5S 等；

f．定期检讨、推动改善；

g．进行活动指导及有争议的处理；

h．处理其他有关 5S 活动事务。

（7）代理委员：当委员授权时可代理委员的有关事务。

4.1.4 责任区域的划分

各组负责区域详见公司平面图的划分：

组别	1	2	3	4	5
组名	行政组	注塑组	仓储组	机加组	总装组
组长	陈〇〇	刘〇〇	李〇〇	黄〇〇	张〇〇

4.2 拟定推行方针及目标

4.2.1 方针

推动 5S 活动时，应制定方针作为活动之指导原则。

例一：自主管理、全员参与

例二：确实且彻底地推行

例三：高阶以身作则，并使全员参与

4.2.2 目标

活动期望之目标应先予设定，以作为活动努力之方向及执行过程的成果检讨

目标管理 SMART 原则：

Specific 目标要明确；

Measurable 目标要可量化；

Attainable 目标要具可达性；

Relevant 目标与组织要结合；

Timetable 目标要有时程。

例一：工伤率降低 30%

例二：现场不要物为零

例三：放置方法 100% 设定

4.3 拟定工作计划

4.3.1 时程计划

活动的推行，除有明确的目标外，还须拟定活动计划表，并经最高主管的核准，以确定工作进度。第一阶段活动分为三个时期：导入期、成长期以及稳定期。到期满前重新检讨拟定第二阶段的计划，持续挑战。

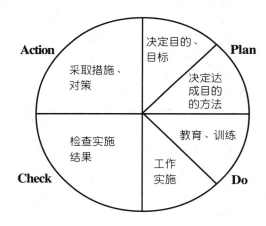

① 决定目的、目标

② 决定达成目的的方法

③ 教育、训练

④ 工作实施

⑤ 检查实施结果

⑥ 采取措施、对策

活 动 计 划 表

步骤	工作目标	导入期						成长期						稳定期			
		4月	5月	6月	7月	8月	9月	10月	11月	12月	1月	2月	3月	4月	5月	6月	7月
1	计划、组织	推行方针、推行组织 ↕															
2	宣导			教育 ↑													
3	大扫除运动				在此期间 ↕												
4	整理、整顿作战						实施 ↕	难以判断东西的决定与处理 ↕									
5	活动导入、实施								彻底实施 ↕								
6	检讨、改善活动									挑出改善项目 ↕			改善实施制成目视管理 ↑ 改善项目				
7	职场诊断														表扬 ↕		
8	6~7步反复推进																

4.3.2　资料的收集

与 5S 相关的资料，如书本、推行手册、海报标语、他厂的案例，应尽量收集。有可能的话，可带领部分员工到标杆厂家观摩，听取厂家对活动推行的介绍及建议，以提升贴身感觉和感受他厂的氛围。

4.3.3　制定 5S 活动实施办法

由5S委员会干事负责草拟活动办法，经主任委员及全体委员会签，并在会签表上签写意见，然后在委员会议上共同讨论相关问题，最终达成共识，作为竞赛办法。

竞赛办法内容包括制定要与不要的东西的区分方法、5S 活动评鉴方法、5S 活动奖惩方法等相关规定。

活动办法拟定流程

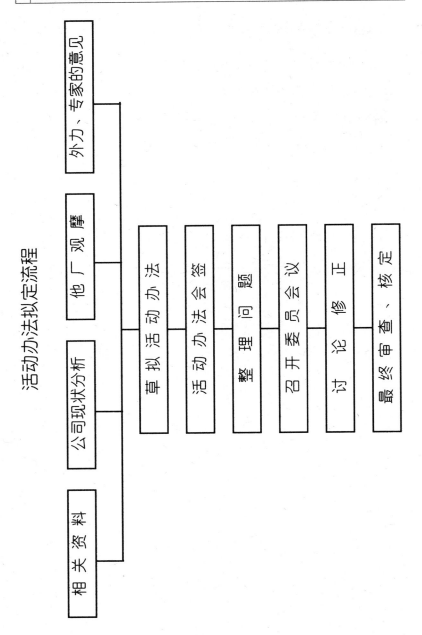

会 签 表

主题	5S 活动办法		
发文日期		发文意图	发文单位
会签者	签名	会签意见	□联络 □征集意见

4.4 说明与教育

各部门进行教育

推动5S活动一定要让全公司的各级主管和全体员工了解为何要做和如何去做,同时告知进行活动的必要性与好处在哪里, 这样才能激发大家的参与感和投入感。因此, 教育训练是活动成败的关键。在5S活动中推动的训练有:①全员5S训练;②干部5S训练;③评审委员勤前教育训练。

4.5　活动前的宣导造势

4.5.1　先期各项宣传活动的推行

● 5S 内容征答比赛；

● 漫画、板报比赛；

● 征文比赛；

● 演讲比赛；

● 标语比赛等。

4.5.2　标杆厂观摩

由 5S 活动干事带领干部及部分员工到 5S 标杆厂观摩，实际感受，并和公司的现况作比较，共同讨论差异内容和原因，激发大家的共识。

4.5.3　推行手册及海报标语

为了让全员了解、全员实行，最好能订制推行手册，并且人手一册，通过研讨学习，确切掌握 5S 的定义、目的、推行要领、实施办法、评鉴办法等。另外，配合各项宣导活动，制作精美的海报标语，塑造气氛以加强文宣效果。

4.5.4　外力或专家的心理建设

员工的心理疑惑及观念的转变，应由外力来作沟通，以求最大程度地减少员工的抵触情绪，同时让干部和员工清楚各自的责任。

4.5.5　最高主管的宣言

利用综合早会或全员集合的时候，由最高主管强调和说明推动 5S 活动的决心和重要性。

4.6　5S活动试行

4.6.1　前期作业准备

●分配责任区域；

●"需要"和"不需要"物品基准书的制订；

●基准的说明；

●道具和方法的准备。

4.6.2　红牌作战

●公布红牌作战月；

●全员总动员；

●对象：找出不需要的东西，需要改善的事，有油污、不清洁的设备，办公室死角等贴上红牌；

●上级主管的巡查评鉴；

●问题点的统计和检讨。

4.6.3　整顿作战

●物品的置放量和场所；

●物品的置放方法；

●定位、划线并作明确的标识；

●建立地、物标准。

4.6.4 活动办法试行和调整

试行方案经各相关主管会签商定后，依 5S 活动计划表试行，试行期间的问题点加以收集和系统分析，在此期间内将设计不周的方案，依实际情况加以调整。

4.7　5S 活动评鉴

4.7.1　制定评分标准表

●办公室评分标准表

●现场评分标准表

4.7.2　评分道具的准备

●评分用档案夹（封面作清楚标示）

●评分标准表（放入档案夹封面内页）

●评分记录表（夹于档案夹内）

● "评分员臂章" 及 "评审人员作业标准"（例如参考路线、时间，档案夹的传递方法，评分表上交时间，缺勤安排方法，评分表填写方法）。

办公室评分标准表范例

	配分
1. 整理	
1.1 及时清除过道、走廊的不要物品	5
1.2 办公桌、文件柜、文件架按规定摆放整齐	4
1.3 桌面及抽屉定时清理	5
1.4 有清楚的档案规定，并能被清楚了解	3
1.5 没有不必要的隔间影响视野	3
2. 整顿	
2.1 文件资料实施定位化 (颜色、斜线)	5
2.2 办公设备、仪器及物品按规定放置	5
......	......

现 场 评 分 标 准 表

	配分
1.整理	
1.1 定期清除不必要的物品	5
1.2 妥善保管剩料及近期不用的物品	4
1.3 及时收存不用及不急用的工装夹具	5
1.4 作业场所明确地区别清楚	3
1.5 没有不必要的隔间影响有现场视野	3
2.整顿	
2.1 文件有配置放置区，并加以管理	5
2.2 工装夹具易于取用，不用寻找	5
……	……

4.7.3　评分方法和时间

●考核中采用见缺点先记录描述，然后再查缺点项目、代号及应扣分数的方法，这样评审人员不必为查核项目一一寻找，浪费时间。

●评分开始时频度应较密，每日一次或每两日一次，一个月作一次汇总，并以此给予表扬和纠正。

现场评分记录表

编号：____

组别	缺　点　描　述

评分人：　　　　　　　　　　　　　　　日期：

5S 评分表

编号：_____

组别	代号	扣分	扣分合计	得分	组别	代号	扣分	扣分合计	得分

评分人：   日期：

4.7.4 整改措施

缺点项目统计出来后，应开出整改措施表，各负责人应在期限内进行有效的整改，并经验证人验证才算合格。

5S 活动整改措施表

组别：　　　　　　　　　　　　　　　　编号：

序号	整改内容	负责人	期限	验证人 / 时间

注：验证人签名表示此项已验证合格。

4.8   5S 活动导入实施及查核

4.8.1   5S 活动导入实施

（1）将试行的结果经过检讨修订，确定正式的实施办法。

（2）决心的下达：

由最高主管召集全体人员，再次强调推行 5S 活动的决心，公布正式导入的日期，以及最高主管的期望。

（3）实施办法的公布：

由 5S 委员会主任委员签名的 5S 活动推行办法、推行时间、办法内容应予公布，使全体人员正确了解整个活动的进程。

（4）活动办法的说明：

●由推行委员会召开委员及各组长会议，说明活动方法。

●由各组长对各组成员举行活动方法说明会。

4.8.2   活动查核

5S 活动的推行，除了必须拟定详尽的计划和活动办法外，在推动过程中，每一项均要定期检查，加以控制。

（1）部门内自我查核表

1.整理

项次	查检项目	得分	查 检 状 况
1	通道	0	有很多东西，或脏乱
		1	虽能通行，但要避开，台车不能通行
		2	摆放的物品超出通道
		3	超出通道，但有警示牌
		4	很畅通，又整洁
2	工作场所的设备、材料	0	一个月以上未用的物品杂乱放着
		1	角落放置不必要的东西
		2	放半个月以后要用的东西，且紊乱
		3	一周内要用，且整理好
		4	3日内使用，且整理很好
3	办公桌(作业台)上下及抽屉	0	不使用的物品杂乱堆放着
		1	半个月才用一次的也有
		2	一周内要用，但过量
		3	当日使用，但杂乱
		4	桌面及抽屉内之物品均最低限度，且整齐
4	料架	0	杂乱存放不使用的物品
		1	料架破旧，缺乏整理
		2	摆放不使用的物品，但较整齐
		3	料架上的物品整齐摆放
		4	摆放物为近日用，很整齐
5	仓库	0	塞满东西，人不易行走
		1	东西杂乱摆放
		2	有定位规定，但没被严格遵守
		3	有定位也有管理，但进出不方便

2.整顿

项次	查检项目	得分	查 检 状 况
1	设备 机器 仪器	0	破损不堪，不能使用，杂乱放置
		1	不能使用的集中在一起
		2	能使用较脏乱
		3	能使用，有保养，但不整齐
		4	摆放整齐、干净，呈最佳状态
2	工具	0	不能用的工具杂放着
		1	勉强可用的工具多
		2	均为可用工具，但缺乏保养
		3	工具有保养，有定位放置
		4	工具采用目视管理
3	零件	0	不良品与良品杂放在一起
		1	不良品虽没即时处理，但有区分及标示
		2	只有良品，但保管方法不好
		3	保管有定位标示
		4	保管有定位，有图示，任何人均很清楚
4	图纸 作业标示书	0	过期与使用中的物品杂放在一起
		1	不是最新的，且随意摆放
		2	是最新的，但随意摆放
		3	有卷宗夹保管，但无次序
		4	有目录，有次序，且整齐，任何人很快能使用
5	文件 档案	0	零乱放置，使用时没法找
		1	虽显零乱，但可以找得着
		2	共同文件被定位，集中保管
		3	以事务机器处理而容易检索
		4	明确定位，使用目视管理，任何人都能随时使用

3.清扫

项次	查检项目	得分	查 检 状 况
1	通道	0	有烟蒂、纸屑、铁屑、其他杂物
		1	虽无脏物，但地面不平整
		2	有水渍、灰尘
		3	早上有清扫
		4	使用拖把，并定期打蜡，很光亮
2	作业场所	0	有烟蒂、纸屑、铁屑、其他杂物
		1	虽无脏物，但地面不平整
		2	有水渍、灰尘
		3	零件、材料、包装材存放不妥，掉地上
		4	使用拖把，并定期打蜡，很光亮
3	办公桌作业台	0	文件、工具、零件很脏乱
		1	桌面、作业台面布满灰尘
		2	桌面、作业台面虽干净，但破损未修理
		3	桌面、台面干净整齐
		4	除桌面外，椅子及四周均干净亮丽
4	窗墙板天花板	0	任凭破烂
		1	破烂但仅应急简单处理
		2	乱贴挂不必要的东西
		3	还算干净
		4	干净亮丽，很是舒爽
5	设备工具仪器	0	有生锈
		1	虽无生锈，但有油垢
		2	有轻微灰尘
		3	保持干净
		4	使用中有防止不干净之措施，并随时清理

4.清洁

项次	查检项目	得分	查 检 状 况
1	通道 作业区	0	没有划分
		1	有划分
		2	划线感觉还可
		3	划线清楚，地面有清扫
		4	通道及作业区感觉很舒畅
2	地面	0	有油或水
		1	有油渍或水渍，显得不干净
		2	不是很平
		3	经常清理，没有脏物
		4	地面干净亮丽，感觉舒服
3	办公桌 作业台 椅子 架子 会议室	0	很脏乱
		1	偶尔清理
		2	虽有清理，但还是显得脏乱
		3	自己感觉很好
		4	任何人都会觉得很舒服
4	洗手台 厕所等	0	容器或设备脏乱
		1	破损未修补
		2	有清理，但还有异味
		3	经常清理，没异味
		4	干净亮丽，还加以了装饰，感觉舒服
5	储物室	0	阴暗潮湿
		1	虽阴湿，但加有通风
		2	照明不足
		3	照明适度，通风好，感觉清爽
		4	干干净净，整整齐齐，感觉舒服

5.素养

项次	查检项目	得分	查 检 状 况
1	日常5S活动	0	没有活动
		1	虽有清洁清扫工作，但非5S计划性工作
		2	开会有对5S加以宣导
		3	平常能够做得到的
		4	活动热烈，大家均有感受
2	服装	0	穿着脏，破损未修补
		1	不整洁
		2	钮扣或鞋带未弄好
		3	厂服、识别证依规定
		4	穿着依规定，并感觉有活力
3	仪容	0	不修边幅且脏
		1	头发、胡须过长
		2	上两项中有一项有缺点
		3	均依规定整理
		4	感觉精神有活力
4	行为规范	0	举止粗暴，口出脏言
		1	衣衫不整，不守卫生
		2	自己的事可做好，但缺乏公德心
		3	公司规则均能遵守
		4	富有主动精神、团队精神
5	时间观念	0	大部分人缺乏时间观念
		1	稍有时间观念，开会迟到的很多
		2	不愿受时间约束，但会尽力去做
		3	约定时间会全力去完成
		4	约定的时间会提早去做好

（2）上级的巡回诊断

由最高主管（或外力顾问师）定期或不定期到现场巡查，了解活动的实际成果及存在的问题点，不断挖掘问题的根源。

5S活动主任委员将巡回诊断的优缺点在检讨会上分别予以说明，并对相关部门予以表扬或纠正。

5S 上级巡回诊断表

项目		序号	内　　　　　容	扣分
1. 地 上	1.1 地面	1.1.1	地上不摆放不要品	
		1.1.2	地上无垃圾	
		1.1.3	地面保持清洁、干净	
		1.1.4	地面上摆放的物品已定位	
		1.1.5	地面上的定位保持完整	
		1.1.6	暂放物有挂"暂放牌"	
	1.2 垃圾桶	1.2.1	垃圾桶本身保持干净	
		1.2.2	垃圾没有满出来	
	1.2 盆景摆设	1.3.1	盆景定期浇水，泥土没有干燥	
		1.3.2	盆景叶子保持干净	
		1.3.3	盆景无枯黄	
2. 办 公 设 备	2.1 办公桌	2.1.1	台面保持干净	
		2.1.2	台面物品按定位摆放(除正在使用的外)	
		2.1.3	办公抽屉不杂乱	
		2.1.4	办公桌按定位摆放	
	2.2 茶水处	2.2.1	室内茶水处保持干爽	
		2.2.2	室内外茶水保持整洁	
		2.2.3	室内茶具齐备	
		2.2.4	室外热水器保持正常有效状态，无漏水	
	2.3 其他办公设施	2.3.1	消毒柜、空调、电脑、照明灯、复印机、传真机、碎纸机等保持正常有效状态	
		2.3.2	以上设施保持干净	
		2.3.3	管路线、配线不杂乱	
⋮	⋮	⋮	⋮	⋮

4.9 评鉴公布及奖惩

(1) 评分委员必须于评审的当天将评分表交到执行秘书处, 由执行秘书作统计, 并于次日10点前将成绩公布于公布栏。成绩的高低依相应的灯号表示:

a.90分以上 (含90分) 绿灯

b.80~90分 (含80不含90分) 蓝灯

c.70~80分 (不含70分) 黄灯

d.70分以下红灯

(2) 实得分数 = "5S评分表" 所评分数×加权系数K

(3) 加权系数K主要考虑的因素为:

a.整理整顿的困难度系数 K_1

依责任区域物品的多少、物品的轻重、地方的多少、物品进出的频度等综合考虑。

以其中的一组为参照数即系数为1, 其他各组评出相应的 K_1 值。

b.清扫清洁面积系数 K_2

K_2 主要参照该组的面积比率：

面积比率＝责任区面积数 /5S 活动总面积数

例：

面积比率	0.1以下	0.1~0.2	0.2~0.4	0.4~0.5	0.5以上
K_2 系数	1	1.02	1.05	1.07	1.10

c.清扫清洁人数系数 K_3

K_3 主要参照该组的人数比率：

人数比率＝该组员工人数 /5S 活动总人数

例：

人数比率	0.1以下	0.1~0.2	0.2~0.4	0.4~0.5	0.5以上
K_3 系数	1	1.02	1.05	1.07	1.10

d.素养系数 K_4

K_4 主要参照该组的人数比率：

例：

人数比率	0.1以下	0.1~0.2	0.2~0.4	0.4~0.5	0.5以上
K_4 系数	1	1.02	1.04	1.06	1.08

(4) 各组的加权系数 K 依各自的 K_1、K_2、K_3、K_4 计算得出：

$$K=(K_1+K_2 \times K_3+K_4)/3$$

NO.	组别	组名	K_1	K_2	K_3	K_4	K
1	一	行政组					
2	一	设备组					
3	一	仓储组					
⋮	⋮	⋮					⋮

(5) 奖惩方法：

a.活动以"月"为单位实施竞赛，取前两名，发给锦旗和奖金。

b.第一名的小组，每位成员奖励＿＿＿元，并奖给"第一名"绿色锦旗一面。

c.第二名的小组，每位成员奖励＿＿＿元，并奖给"第二名"黄色锦旗一面。

d.最后一名发给"加把劲"锦旗，以作激励。

e.成绩均没达到 80 分时，不颁发奖金。

f.所颁发的奖金不得平分，可作为小组的活动基金。

5S活动月份评比统计表

年　月

得分＼组别　日期	成绩	灯号	成绩	灯号	成绩	灯号	成绩	灯号	成绩	灯号	成绩	灯号
1												
2												
3												
4												
5												
6												
7												
8												
9												
10												
11												
12												
13												
14												
15												
16												
17												
18												
19												
20												
21												
22												
23												
24												
25												
26												
27												
28												
29												
30												
31												
月平均成绩												
名　次												

统计者: ——

4.10　　检讨及改善修正

推行 5S 活动和进行其他管理活动一样，必须导入 PDCA 管理循环，方能成功。

Plan：拟订活动目标，进行活动计划及准备。

Do：执行阶段，如文宣、训练、实行执行工作。

Check：过程中进行查核、检讨。

Action：采取改善修正措施。

在推行期间检讨（C）和改善（A），更是一种持之以恒的项目。不能坚持的话，则 5S 活动难以成功，若能脚踏实地加以改善的话，则 5S 活动将逐见功效。

（1）问题点的整理和检讨

执行秘书每周将各组的问题点集中记录，整理在"5S 整改措施表"中，并发至各小组负责人。

5S 整改措施表

序号	组名	整改内容	负责人	限期	验证人时间
1	模具组	1.A6区窗户玻璃脏，粘有石灰； 2.B1手推车没有定位放置； 3.垃圾筒没有定位标识； 4.主通道纸箱随意摆放； 5.划线油漆脱落未补； 6.A3区私人物品无定点存放； 7.花坛里有杂物（木块、铁件）。			
2	质量组	1.办公桌资料杂乱，不够整洁； 2.吊扇风叶很脏； 3.计量室雨伞随意摆放； 4.灭火器没有标识，定位； 5.试验炉炉面灰尘多。			
3	包装组	1.纸箱杂乱，未分类放置； 2.清洁用品没有定位； 3.灭火器没有定位； 4.茶杯放在纸箱上； 5.有一员工未佩戴厂牌。…			
4	行政组	1.会议室椅子未定位； 2.一楼热水器漏水； 3.货梯口有蜘蛛网； 4.办公室的电话线杂乱。			

（2）定期检讨

5S 推行初期，一定要实施周检讨，若一个月才检讨一次，则堆积的问题太多，难有成效。相对稳定后，可改为每月检讨一次，逐渐使 5S 活动融入日常管理当中。

常见的问题有：

①全体行动迟滞，活动虽然在实施，但总觉得事不关己。

②特定小组部属的进度太迟。

③有些员工唱反调，例如：

●手边持有两倍份量的零件，这样能使第二天的工作方便继续下去；

●多占一些地方，可放置一些半成品；

●长年养成的工作习惯，虽然不甚合理，但容易工作。

④责任区域分配存在问题。

⑤5S 评分加权存在问题。

⑥评分不客观。

⑦场地太小，物品无法置于定位区内。

⑧其他部门人员破坏本部门5S而被扣分。

(3) 各责任部门依缺点项目改善修正

缺点项目改善程序

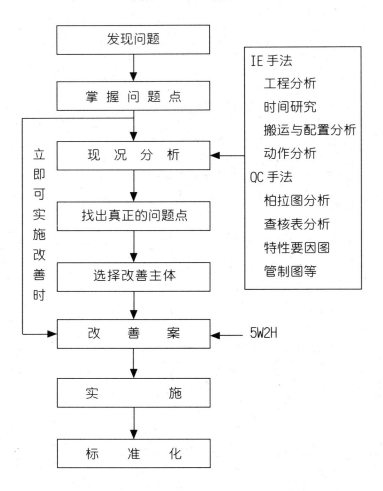

①问题点的掌握

定期用查核表整理各部门在 5S 活动中问题点的分布情形，将评分表中记录的问题点按发生顺序逐条列出，再以部门别计算各部门在各问题中发生的次数，最后加以合计，这样可得出 5S 活动中的执行情报：

●各部门的总缺点次数

●各部门的主要缺点项目

5S 干事可以在 5S 例行检讨会中提报各部门重点改善项目，作为各部门改善时的参考。

5S活动问题点查核表（例）

项次	问题点	一组	二组	三组	四组	五组	合计
1	工具随意摆放	3	1		1		5
2	手推车随意摆放	1	1	2		2	6
3	材料柜上置放杂物		4		1	3	8
4	烟灰缸未清理	1	1	2	1	2	7
5	职场内有私人物品放置	2	1	3	6	3	15
6	地面有垃圾(纸屑, 抹布等)	2	2	3	2		9
7	清扫用品没有定位放置		1		1		2
8	通道不通畅, 物品堵塞	2		2	3		7
9	墙角有蜘蛛网		1			1	2
10	未佩戴识别证	6	7	6	4	8	31
11	灯未关闭	1	1	2		3	7
12	工作桌凌乱		4	1	2		7
13	电源线路没定位, 杂乱	2		2	1	4	7
14	盆景花草枯萎未处理		2	1		3	6
15	洗手间不整洁	1			1	1	3
16	地上有零件散落	10	7	7	5		29
	合　计	31	33	30	28	30	152

②改善主题的选择

运用柏拉图，在 5S 活动众多问题中，统计出重点问题，再针对少数的重点问题加以改善，这样可获得明显的改善效果。

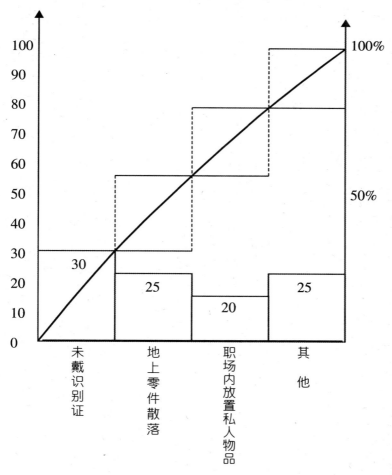

5S 活动问题点柏拉图统计（例）

结论：

● 未戴识别证

● 地上零件散落

● 职场内放私人物品

以上三项内容为少数的重点问题，占总问题的75%。

针对重点问题，进行原因分析，制订改善对策，责成责任者限期改善。

问题点对策表

No.	问题点	原因分析	对　　策	改善期限
1	未戴识别证	①识别证遗失没及时补上； ②干部未能严格要求。	①遗失登记申请； ②早会进行仪容检查，干部加强要求。	月　日
2	地上零件散落	①零件散落未拾起； ②搬运工具不适合； ③作业不小心。	①干部加以巡视和要求； ②搬运工具和容器加以改进； ③作业台加以改进。	月　日
3	职场内放私人物品	①员工未遵守规范； ②私人物品柜不足。	①严格要求员工遵守； ②确认每位员工物品柜情况。	月　日

4.11 纳入日常管理活动

5S活动的实施要不断进行检讨改善以及效果确认,当确认改善对策有效时,要将其标准化、制度化,纳入日常管理活动架构中,将5S的绩效和能率、设备的稼动率、客诉率、出勤率、工伤率等并入日常管理中。

日常管理表

No.	管理项目	目标	基准	管理方式
1	能　　　率			
2	稼 动 率			
3	综合效率			
4	不 良 率			
5	5S 得分			
6	出 勤 率			
7	客 诉 率			
8	工 伤 率			
⋮	⋮			

5S 制度化、标准化表

5S 内容	制度、标准	检查重点
1S 整 理	1.设定不要物品的回收制度。 2.设定循环、转让、烧毁、掩埋等处理方法。 3.设定废弃标准。 4.尽量不制造不要物品。 5.在机械设备周围设定足够的空间标准。 6.作业流程标准。	1.你所在的岗位是否乱放不要物品。 2.不要的配线、配管是否乱放。 3.产品或材料等是否直接放在地上。 4.是否在所定场所按照处理方法分别整理收集废弃物。 5.是否分别整理量规类和工具类。
2S 整 顿	1.按照质地、用途、形状、大小尺寸区分原材料、半成品和工具等，将小件物品归纳在容器内，并决定放置场所。 2.重物在下，轻物在上。 3.大件物品在下，小件物品在上。 4.与作业工序相协调。 5.按物品、场地决定分担，定期检查。	1.是否定位标明主要通道和放置场所。 2.是否分清专用工具和通用工具，并使之处于易使状态。 3.是否按标准高度堆放产品、纸箱。 4.是否在消防设备周围放置物品。 5.地上是否有凹凸、破损、突起物等障碍。
3S 清 扫	1.清扫就是点检。机械设备的灰尘、污垢等会引起不良故障和事故等。 2.清扫活动的推进方法。 **全体活动：大扫除和脏物源的对策** ↕ **个别活动：岗位、设备的清扫** ↕ **局部活动：通过清扫、点检设备夹具而排除细小缺陷设备** 3.不放置脏物，不使之严重化，一旦发现立即处理是清扫的秘决。	1.地面通道、机械周围是否有掉落元件、灰尘和垃圾。 2.机械各部位是否被粉末、机油等弄脏。 3.配线、配管是否被弄脏。 4.加油设备、使用有剂溶剂的设备的放置场所是否被弄脏。 5.照明器具的灯罩、灯泡、反射板是否被弄脏。

(续表)

5S内容	制度、标准	检查重点
4S 清 洁	1.5S的标准化和异常显现化。 (1)急需管理的地方在哪里； (2)怎样会出现异常； (3)能否感知； (4)怎样行动。 2.努力贯彻目视管理。 (1)管理标签： ·润滑油标签； ·负责人标示； ·点检标签。 (2)管理界限标签： ·表示仪表范围； ·信号； ·UCL/LCL符号。 (3)视觉化： ·透时化； ·定点摄影片； ·状态定量化。	1.是否着不安全或肮脏的衣服。 2.是否有足够的灯光照明。 3.是否在规定地点吸烟、用餐。 4.是否经常整理、整顿岗位，是否彻底进行清扫。
5S 素 养	1.行为的重要性。 ·贯彻用眼管理，正确传达意图； ·操作人员亲自参与制作标准书或检查清单。 2.自身责任(有关自身行动)。 ·亲自动口动手。 ·养成不忘记的习惯。	1.是否每天进行规定点检。 2.是否随时适当进行作业指示和汇报。 3.是否使用规定的保护用品。 4.是否正确戴防护帽、戴厂牌。 5.是否一定会在规定时间内集合。

· 第五篇 ·

配合 5S 活动之管理技巧

1. 目视管理的运用
2. 颜色管理的运用
3. 3UMEMO 的运用
4. 5S 与安全生产

5.1 目视管理的运用

5.1.1 何为目视管理

常有人嘴上说"好，我会做的"，实际上却一点动静也没有。

产生这种情形的原因，与其说是不知道如何改善，还不如说是"根本不知道问题所在"，或者"不晓得是什么因素不良"。

遇到这种情形时，最好先区分正常或异常的情形，找出需要改善的地方，让任何人一看就知道异常的所在。

以数值为中心的潜在管理,很容易流于专业性的管理，而不能普通性地为大家所接受，例如"检查实绩"和"品质管理资料"，往往只把数值表现在纸上，而没有做实际的改善。

目视管理，就是把工厂中潜在的问题显现出来，让任何人一看就知道异常情形的所在,而且知道其"水准"究竟达到什么程度的显在管理。

5.1.2 目视管理的特点

① 从远处就能看得很清楚；

② 标示想管理的事项；

③ "好"或"不好"立即可分晓，谁都能指出；

④ 谁都能遵守，并能立刻矫正；

⑤ 谁都能使用，并且使用方便；

⑥ 若使用工具，则工作场所变得明朗而舒畅。

对所有物品而言，都有管理的要害，必须经常监视才行。例如：战斗机，在机体或引擎内容等处涂写着各种标志、记号、色别等，如加油口标记、踏脚位置标记、配管色别、螺丝的对齐标记或锁紧扭力值。下功夫使战斗机不管在紧急状况，或在任何地方，都能无误地待命。

又如人在疲倦时，则可在穴位上按摩，若是生病时，则看其舌头或眼睛，此乃关键部位。在物品之中，如脆弱之处，或经常出毛病之处，或务必使其良好之处，或必须留意之处等部位，即称之为"管理要害"。这些要害并非任何人都能简单地知道，因此，日本的工厂中，以看板贴出标准的重点（one point standard），使作业员能容易地掌握到技术上的要穴（key point），而顺利地使效率、品质达到要求。

因此，如何找出要害，有赖于标准化的建立。设备等常因盖上盖子，掩盖了其真正的要害，而无法得知，因此，唯有下功夫使其暴露，才能判断。由此可见，"重点标准（one point standard）"系目视管理的结果，也是公司宝贵的无形财产。

而重点标准要与目视管理的工具相结合，才能衬托并发挥标准的效果。由此可见目视管理的工具必须费心地构思、设计、制造，甚至考虑放置、揭示的场所。

5.1.3 目视管理的方法

目视管理的种类繁多，必须依据其用途分别使用，"目视管理一览表"中集合了"目视管理"几种代表性的做法，以下说明几种。

（1）红牌

指5S的红牌作战（整理）时所使用的红牌，将日常生产活动中不要的东西当作改善点，让每个人都能看清楚。

（2）看板

指在5S的看板作战（目视管理）中所使用的看板。是为了让每个人容易看出物品放置场所而做的表示板，使每个人看了就知道是什么东西，在什么地方，有多少数量。

（3）警示灯

在现场第一线的管理者随时都必须了解作业人员及机械目前是否在正常的运转中。

警示灯就是让管理监督者随时看出工程中异常情形的工具。除了通知异常情形的警示灯外，还有显示作业进度的警示灯，以及运转中知道机械是否故障的警示灯，请求供应零件的警示灯。

（4）标准作业表

这是将工程配置及作业步骤以图表示，使人一目了然。单独使用标准作业表的情形较少，一般都是将人、机器、工作组合起来的"标准作业组合表"。

（5）错误示范板

有时用柏拉图将不良情况以数值表现出来，现场的人仍然弄不清楚。这时就要把不良品直接展现出来。

（6）错误防止板

由自行注意并消除错误的自主管理板，一般以纵轴表示时间，横轴表示单位。

以一小时为单位，从后段工程接受不良品及错误的消息，作业本身再加上"○""×""△"等符号。

○表示正常 　 ×表示异常 　 △表示注意。

持续进行一个月，将本月的情况和上个月作比较，以设立下个月的目标。

目视管理一览表

No.	名　称	图　示	说　明
1	红牌		为了区别要或不要的东西而使用的红牌，用于红牌作战。
2	看板		让别人一看就知道在什么地方、有什么东西、有多少数量的表示板，用于看板作战。
3	以黄线表示		为了使在制品的放置场所及通道看得清楚而画的黄线，用于整理、整顿时。
4	红线		表示仓库及放置场所的最大库存，用于看板作战。
5	警示灯		用于将工厂内异常情形通知管理者或监督者的指示灯。
6	告示板		为了遵守 JIT 而使用的道具，可分为取用告示板及在制品告示板。
7	生产管理板		表示生产线上的生产情况的表示板，在板上填写生产实绩、工作状况、停止原因等。
8	标准作业表		将人、机械有效地组合起来，以决定工作方法的表。按生产线别揭示。
9	错误的示范		为了让工作场所的人了解何谓不良品，而把不良品陈列出来。

5.1.4 目视管理的着眼点

①透明化：使员工能一目了然，诸如设备有掀开的盖子，或透明的窗口，可检视内部情况。

②状态的视觉化：诸如在空调出口附有带子，观其飘动可知是否在转动，或者在导轮上涂一条白漆，可知是否在转动，配水管的一部分使其透明，附以浮标，可知水是否在流动。

③状态的定量化：加装各种计量器，为了确定范围，可用线或颜色标示管理界限，以便预知异常。

5.1.5 目视管理的评价基准

A.定点摄影……点的管理界限基准

●要领

①以相同的照相机,以相同的位置和方向连续照相。

②镜头对准存在缺点的场所。

a.不想让他人看到而感到羞耻的地方, 如工作方法、工作场所、设备、等实况拍照(尤其是5S差的地方)。

b.整理、整顿差的地方(通常为较少管理的动力室、冷气室、杂物仓库、文件仓库等)。

③设备有缺陷的地方 (漏油、不安全地点等)。

B.红线

①标示库存之最大量 ;

②在仓库或架子上所放物品, 其最大库存量, 以红色PVC胶带作成标记 ;

③为标示半成品最大量, 也可在墙壁等处作标记。

C.在现物上刻画标准值

①若在现物上标示, 则不必一一写在指示标上, 如温度、压力、电流等作业条件 ;

②不管何时、不管是谁都能明白是正常还是异常。

D. 管理揭示板

广义而言，管理板是看板的一种，或许"看板"的措辞是源自日本丰田汽车，其含义未能深入了解、分辨，以致管理板常与看板的精髓相混淆，因此，如果未明确其定义、用途，则难以发挥预期的效果。

通常管理板本身是一块木板、塑胶板或压克力板所构成的实物，其尺寸、形状依场所、用途而言，板面上可涂以各种颜色，以增加美观及分类的效果。

管理板上可张贴各种公告、报表、作业指示标、重点标准（one point standard）等，对于 5S 而言，多少亦扮演"整顿"的角色。顾名思义，管理板主要用于管理，但其制作、设置场所所张贴之件等需注意如下要点：

①管理板尽可能靠近作业员，不要放太高，而且设置场所要注意安全；

②当作业员进行工作时，看到管理板应立刻能明白内容，不忘重点，且能遵守；

③当管理者、监督者巡查工作时，经与管理板比较，短时间内能了解作业员是否遵守标准，亦即不管是谁都清楚现状是否"脱离标准"；

④管理板上的文件以一页为原则，内容要简化，最

好采用数字、图解，字体不要太小，且易看懂；

⑤为了保存及避免弄脏，管理板上的文件，最好放入 PE 粘着塑胶封套内。

总而言之，工厂要塑造能"目视管理"的工作场所，下功夫防止失误的发生，以便能立刻辨别异常，并借此构成 5S 的标准化。

5.2 颜色管理的运用

5.2.1 何为颜色管理

颜色管理法是将企业内的管理活动和管理实物披上一层有色的外衣，使任何管理方法利用红、黄、蓝、绿四种颜色来管制，让员工自然、直觉地和交通标志灯相结合，以促成全员共识、共鸣、共行，而达到管理之目的。

另外，颜色可谓是人类的第二种语言，在我们的日常生活中扮演着相当重要的角色。颜色往往能左右人的心灵和情绪，美化的环境能使我们的居住和工作环境更加赏心悦目，会提高我们的干劲和效率，使工作绩效更加显著。

5.2.2 颜色管理的特点

①利用人天生对颜色的敏感；

②系用眼睛看得见的管理；

③分类层别管理；

④防呆措施；

⑤调和工作场所的气氛，消除单调感；

⑥向高水准的工作职场目标挑战。

5.2.2 颜色管理的方法

（1）颜色优劣法

　　十字路口的交通标志灯以红、黄、绿三种颜色代表是否可通行，而在工厂，人们以绿、蓝、黄、红四种颜色来代表成绩的好坏（绿>蓝>黄>红），其应用非常广泛。

　　①生产管制：依生产进度达成状况，用不同的颜色来表示，绿灯表示准时交货，蓝灯表示延迟但已挽回，黄灯表示延迟一天以上但未满两天，红灯表示延迟两天以上；

　　②品质管制：依不良率的高低用颜色显示；

　　③外协厂评估：绿灯表示"优"，蓝灯表示"良"，黄灯表示"一般"，红灯表示"差"；

　　④开发管理：依新产品的开发进度与目标进度作比较，个别以不同灯色表示，以提醒研发人员注意工作进度；

　　⑤费用管理：把费用开支和预算标准作比较，用不同的颜色显示其差异程度；

　　⑥开会管理：准时入会者为"绿灯"，迟到5分钟以

内者为"蓝灯"，5 分钟以上者为"黄灯"，无故未到者为"红灯"；

⑦宿舍管理：每日将宿舍内务整理情况以不同颜色表示，以定奖惩。

（2）颜色层别法

该方法来自东京地铁以不同颜色标示不同路线的灵感。以颜色区分易于管理，其应用有：

①重要零件的管理

每月进货用不同的颜色标示，如 1、5、9 月进货者用"绿色"，2、6、10 月者用"蓝色"，3、7、11 月者用"黄色"，4、8、12 月者用"红色"。根据不同颜色管制先进先出，并可调整安全存量及提醒解决呆滞品。

②油料管理

各种润滑油以不同颜色区分，以免误用。

③管路管理

各种管路漆以不同颜色，以作区分及搜寻保养。

④头巾、帽子

不同工种和职位分戴不同的颜色的头巾或帽子，易于辨认及管制人员的频繁走动。

⑤模具管理

按不同的客户别漆以不同的颜色，以作区别。

⑥卷宗管理

依不同分类使用不同颜色的卷宗。

（3）颜色心理法

该方法来自室内装饰设计的灵感，以颜色美化室内环境，可造成人不同心理上的独特感觉。

①人事

利用员工对颜色的偏好以了解其个性。

②行销

利用颜色用于包装及产品以促进销售。

③生产

厂房的地面、墙壁、设备等漆以不同的颜色，以提高工作效率，减少伤害。

颜色管理法

方式	推行项目	内　　容	颜　色　代　表			
			绿	蓝	黄	红
颜色优劣法	工业安全	每日安全状况显示。	无伤害	极微伤	轻伤	重伤
	生产管制	依实际进度与生产计划日程表，予以颜色区分显示，以作跟催工作（交货、进料及制程进度管制）。	按进度完工	延迟但已挽回	延迟一天以内	延迟一天以上
	品质管制	依品质水准高低，以颜色区分显示，促使有关人员改善及提升。	95%以上	90%至94%	85%至89%	85%以下
	绩效管理	依员工的综合效率，以颜色区分显示，促使员工提升士气。	85%以上	70%至84%	60%至69%	60%以下
颜色层别法	人员层别	利用色帽或头巾作人员识别管理。	课长级以上	材管员	技术员	品管员

(续表)

方式	推行项目	内　　容	颜　色　代　表			
			绿	蓝	黄	红
颜色层别法	卷宗管理	依卷宗不同性质予以颜色区分，便于检索及识别管理。	绩效统计分析	计划办法和规章	记录和会议资料	规格标准和检验规范
	工作状况板	工作状况予以颜色区分。	进度正常	进度落后	待料	机器故障
	管路管理	以便区分查索及维护保养。	空压管路	水管	油管	电气管路
颜色心理法	实质绿化	室内绿化、室外绿化。	工作区	成品区	走道线	不良区
	精神绿化	1. 漫画活动； 2. 观摩会； 3. 播放影片； 4. 挑战目标。				

5.3 3UMEMO 的运用

5.3.1 何谓 "3UMEMO"

为了弥补人类健忘的毛病，发现存在于工作现场的 3U（不合理 unreasonableness、不均匀 unevenness、浪费和无效 uselessness），使其显在化，这就是 "3UMEMO"。

①目的

监督者仔细观察自己的工作现场，养成洞察力，作为改善的日记。

②作用方法

●发现问题（不合理、不均匀、浪费）时就作记录；

●即使没有改善方案也要养成记录的习惯；

●有答案时将结果填入表里。

③应用

●将结果当作改善提案提出；

●作为提案用纸之附件，则更具效果；

●可利用于组织制度等的改善活动；

●可活用于小集团活动；

●可作为技术情报收集之横向发展。

5.3.2　关于 3U 的检查表

	作业者	机械、设备	材料
勉强	·作业人员是否太少 ·人员的调配是否适当 ·能否工作得更舒服一点 ·能否更为清闲一点 ·姿势 ·处理方法有否勉强之处	·机械的能力是否良好 ·机械的精度是否良好 ·计测器的精度是否良好	·材质、强度有否勉强之处 ·有否难以加工之处 ·交货期是否有勉强之处
浪费	·有否「等待」的现象 ·作业余暇是否太多 ·有否浪费的移动 ·工作的程序是否良好 ·人员的配置是否适当	·机械的转动状态如何 ·钻模是否妥善地被活用 ·机械的加工能力（大小、精度）有否浪费之处 ·有否进行自动化、省力化 ·平均的转动率是否切适	·废弃物是否能加以利用 ·材料是否剩余很多 ·修正的程度如何 ·有否再度涂饰
不均	·忙与闲的不均情形如何 ·工作量的不均情形如何 ·个人差异是否很大 ·动作的联系是否顺利，有否相互等待的情形	·工程的负荷是否均衡 ·有否等待的时间、空闲的时间 ·生产线是否平衡，有否不均衡的情形	·材质有否不均的现象 ·有否发生歪曲的现象 ·材料是否能充分地供应 ·尺寸、精度的误差是否在允许的范围之内

5.3.3 "3UMEMO"的填写程序

"3UMEMO"在填写问题点阶段，应利用5W1H，掌握定量的实际情形。

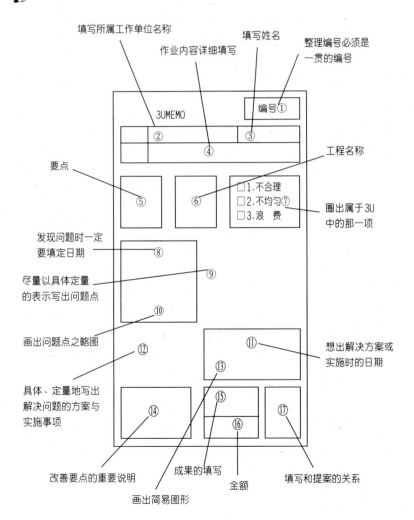

5.3.4 "3UMEMO" 实施改善手法

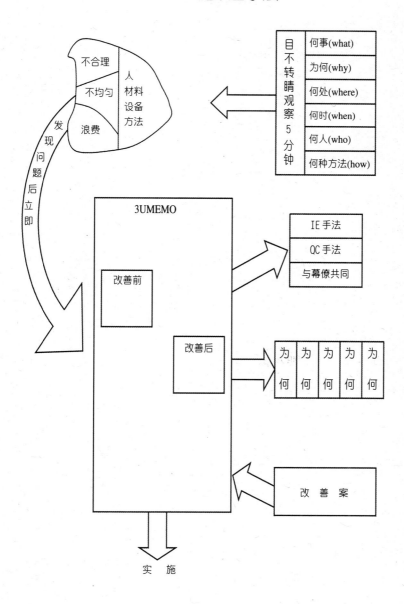

5.3.5 "3UMEMO" 之改善事例

例一：零废品

目不转睛观察5分钟

3UMEMO

编号

发现后立即填写

作成者		姓名
对 象		

着眼点

要点 品质	零___工程 零废品	3U 不合理 不均匀 *浪费

利用3UMEMO
找出着眼点
(现况说明)

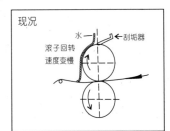

机械运转中，为了防止垢附在滚筒上，在刮垢器前端有适量的水滴下，当滚筒速度改变时，如果没有调节水量的话，积水就会往进行方向滴落，成为纸质不良或断纸的原因。

将刮垢器与滚筒接触部位往下移，让积水往两侧顺利流下。因此，即使滚筒速度改变，积水也不会往进行方向滴落，从而，不会有纸质不良或断纸的情形。

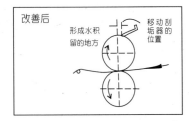

改善要点： 品质稳定 零不良	成果 不良金额为零 效果金额____元	提案单 编号 评估 级

例二：零走动、零坠落

目不转睛观察 5 分钟

3UMEMO

发现后立即填写

编号	

作成者		姓名	
对　象			

着眼点

要点 调整作业	零＿＿工程 零走动 零坠落	3U 不合理 不均匀 *浪费

利用 3UMEMO
找出着眼点
（现况说明）

（现况）

机械修理或调整时，必须暂时关闭压缩机的空气，但是，为了让叉式升降机进入，又必须搬开机械周围的制品，人再站在叉式升降机的铲子上，升高去关闭天花板上配管的活栓。

（改善后）

将活栓设在机械下部的空气输入口处，作业者只要站在地面上就可以扳动活栓，不需要两个人，也不需要叉式升降机。

改善要点： 预知危险，发现合并作业之浪费。

成果 改善前：2 人约 15 分 改善后：1 人　6 秒 效果金额　　　　元

提案单 编号 评估　　　级

5.3.6　5S诊断核查表与"3UMEMO"的关系

5S诊断核查表与"3UMEMO"的关系表

5S诊断核查表	课名		单位名		组名		工程名	
	实施日期	年　月　日		等级	第　级		诊断者姓名	
名称	项目	内容(要点)		评估	系数	得分		
整理	废弃物、不要物品	集中放在规定的地方吗			1			
	工模工具类	是否正确地保管，没有不必要的东西			1			
	设备主体	有没有放置不必要物品或私人物品等			1			
	设备周边	有没有放置不必要物品或私人物品等			1			
整顿	走道、放置处的划分区域	有明白的表示吗(有没有模糊不清)			3			
	物品的堆积方法	有没有过高、会不会倒塌			1			
	物品的堆积方法	重的物品是否从下面依序堆积			1			
	物品的放置方法	长的东西是否横放			1			
	物品的放置方法	灭火器(消防设备)前面有没有放东西			1			
	物品的放置方法	物品是否放置在规定的地方			1			
	物品的放置方法	走道上有没有放东西			1			
	物品的放置方法	堆放方法是否杂乱			1			
	物品的放置方法	揭示板是否放在容易看到的地方			3			

(续表)

名称	项　目	内容(要点)	评估	系数	得分
清扫	地面	有没有被油或水弄脏		2	
	地面	有没有垃圾掉落		1	
	粉屑、碎片	有没有四处飞散		1	
	设备本体	各部分的清洁彻底吗		1	
	清扫工具	需要的工具齐备吗		2	
清洁	揭示物放置方法	揭示物是否老旧污损		1	
	地面	有没有凹凸、破损、突起的现象		2	
	地面	容易滑倒的地方有没有防滑设备		1	
	闲置的设备	有没有标示日期、负责人员姓名等		1	
	服装	有没有服装不整的		2	
	服装	有没有不安全的		1	
	抽烟	有没有在规定的地方抽烟		1	
	油	有漏油或恶臭吗		1	
素养	规定	有遵守规定吗		1	
	保护工具	规定的东西是否正确地使用		2	
	帽子、安全帽	戴法是否正确		1	
	工作服	穿着正确吗		1	
	鞋子	穿着规定的鞋子吗		1	
备注			评估分数(满分为200分)		

以5分法来评估，那么：

5分————非常好；

4分————好；

3分————需再加油；

2分————尚早；

1分————完全不行。

等级标准： 第一级 120分以上；

第二级 140分以上；

第三级 160分以上；

第四级 180分以上；

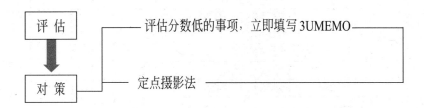

※※※※※※※※※※※※※※※※※※※※※※※※※※※※※※
做 就 会 成 功， 不 做 任 何 事 都 办 不 到。
事 情 无 法 完 成 是 因 为 努 力 不 够。
※※※※※※※※※※※※※※※※※※※※※※※※※※※※※※

5.4 5S 与安全生产

许许多多的工厂，出于安全的考虑，都会成立安全委员会，颁布安全条例，因为安全对工厂来说是最重要的，如果没有一天到晚叮嘱的话，大家都可能会忽略安全的问题。然而，该做的事应该是叮嘱大家切实遵守一些如戴安全帽、穿安全鞋、注意物品的搬动、确保通路顺畅等更踏实的事。我们不难发现5S活动不仅是稳定产品质量和提高生产效率不可缺少的基本活动，也是防止事故、火灾的基础。一个5S推行非常彻底的工厂，灾害会减少许多，所以人们常说"5S是安全之母、品质之母"。

5S——安全之母

5.4.1　5S 活动的深入与贯彻

A. 在由于未推进 5S 活动而引起火灾和事故的事例中，应特别注意以下几点：

①在通道上放置物品或超出通道范围放置物品；

②在进出口或安全通道附近放置物品；

③在消火栓或配电柜前放置物品；

④物品放得不安全；

⑤配线配管等不固定；

⑥不规则地堆放锐利物品；

⑦竖立放置物品；

⑧将工具或道具悬放在操作台前端；

⑨未将油废棉纱头放在带盖的不燃容器内；

⑩扔烟头的烟缸不是带盖的密封容器。

B. 贯彻 5S 的优点

①在防止灾害事故上成效显著；

②有利于整备制造车间，稳定和提高产品品质；

③可使制造流程井然有序，能一眼发现故障，提高

效率；

④能扩大并有效使用工作空间；

⑤能看清携带物品；

⑥可减少物品的破损；

⑦有利于保健卫生；

⑧有利于营造明快的气氛；

⑨可使工作岗位变得明亮干净；

⑩有助于预防火灾。

5.4.2 安全作业重点

A．作业服装

①是否经常保持清洁，是否太脏；

②纽扣是否脱落或有破损；

③作业鞋的后跟是否断裂，鞋带是否松脱（拖鞋不行）；

④是否在指定作业中戴用安全帽；

⑤身上是否带有锐利或尖锐物品。

B．保护用品（眼镜、口罩、耳塞）

①是否确实戴用眼镜、耳塞；

②是否正确戴用口罩，而不是戴成下颚口罩；

③是否确实更换过滤用品；

④是否随时备有备用品；

⑤是否指定保管地点，并正确保管。

C．通道

①通道上是否放置了物品；

②是否有凹凸不平不安全的地方；

③是否洒浇了油或水；

④是否有电线或管道横穿通道的不安全现象；

⑤进出口的宽窄或高度等有无问题。

D．操作场所的地面

①是否有不用物品；

②电线或管道等是否安全；

③扫除用具、备品等是否保管在指定场所；

④在电源柜、消火栓、防火设备、安全门等地方是否放有物品；

⑤整理、整顿有无问题。

E. 有机溶剂、剧烈物品

①保管地点是否标明了保管物品的内容及责任者，是否按类别整理保管；

②容器是否有盖以防止蒸发，是否有溢流、泄漏等现象；

③油废棉纱头是否保存在带盖的不燃容器内；

④保管仓库是否定期点检，是否备有消火栓，是否标有"严禁烟火"；

⑤使用场所的换气或局部排气装置是否运转正常。

F.油类

①油废棉纱头是否存放在带盖的不燃容器内；

②如果洒落在地上，是否立即擦掉；

③周围是否有烟火；

④不能在周围进行带火作业（焊接）。

5.4.3　现场巡视检查重点

A．确认上次指出的事项是否得以改善

B.安全重点项目

①　是否彻底贯彻安全方针，每个职工的安全意识如何：

※安全告示牌、无事故记录、日历

※安全广告、自我目标

※标明险些成为事故的事项或小组点检等。

以上这些，是否在工厂确实得以实施？

②　现场扑灭不安全行动的进展状况如何：

※说明贯彻情况达到百分之几；

※是否确实使用安全夹具，是否明确指定了放置场

所;

※是否有小组不安全行动检查,巡视或对险些成为事故的事项加以记录。

③有无不安全状态:

※设备安全罩、联锁、区域传感等措施有无不完善的地方;

※设备的安全装置措施是否完善,尤其是干燥机的温度是否过高,机械手、自动运转设备的防灾措施是否完美。

④是否贯彻整理整顿:

※ 是否做到了经常清扫,保持明亮清洁舒适的作业环境。

⑤为进一步提高岗位环境,点检岗位情况。

现场巡视点检表

巡视日期：_____

巡视地点：_____　　　巡 视 者：_____

车间名称	工序名称	点检项目				点检内容	点　检联系人
		安全	作业环境	整理整顿	其他		

现场巡视总结表

车间名称	点检项目				指点内容	措施	负责人	预定完成日	完成日
	安全	作业环境	整理整顿	其他					

5.4.4 有关事故发生时的措施

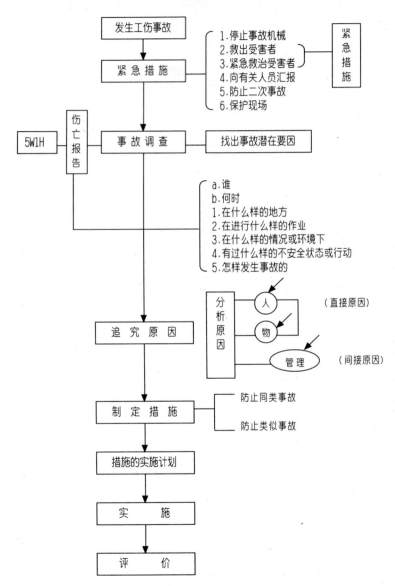

· 第六篇 ·

推行 5S 活动成功与失败的注意事项

1. 失败的要因
2. 成功的 10 种强心剂
3. 失败的模式
4. 导入时机的选择
5. 5S 活动备忘要点

6.1 失败的要因

1. 高层不支持;
2. 中层不配合;
3. 基层抵制;
4. 干劲不足;
5. 心血来潮，无计划，形式上模仿;
6. 缺少系统性概念;
7. 评分标准不明;
8. 主办人员经验不足;
9. 未开展各种竞赛活动维持气氛;
10. 未用看板使结果月月见报;
11. 未订目标;
12. 没有不断地修正和检讨。

失败的要因

6.2 成功的 10 种强心剂

1. 取得高层主管支持;
2. 全体员工理解 5S 的精义和重要性;
3. 确立挑战性目标;
4. 选取活动主题、重点项目;
5. 设立 5S 推行组织;
6. 创造 5S 推展技巧、手法;
7. 运用激发动机的方法;
8. 活动持续不断;
9. 引用外力支援;
10. 建立评价体制。

成功的强心剂

6.3 失败的模式

企业推行5S活动,是必须按一定的架构和程序进行的,如果草率地施行,甚至「随兴式」地推行,即听说什么好,或想到什么,就随意做什么,没有计划、步骤,是注定要失败的。下面是企业推行5S常见的失败模式。

模式一:速成法

在公司任命某一部门负责 5S 的推动,根本没有进行计划、宣导工作,甚至基层员工都不清楚何为 5S 活动,便大张旗鼓地实施5S,并进行竞赛评比、奖惩活动。

这种做法八成以上是无功而返,怨声四起,而且日后重新推行5S活动更将是事倍功半。事实上,连基本的内容和推行要领都不太清楚,哪里谈得上有成功的机会。

> ## 没有做准备计划工作,
> ## 结果往往是无功而返。

模式二:评分法

在公司内颁布5S推行方法、评分方法,安排主管轮值评分,并将评分成绩公布,要求检讨修正。

这种做法最突出的问题是容易引起争议,评分项目不全,标准不明确,或评分不客观,种种原因都可能引起争议。争议是推行5S活动最大的障碍,在无法达成共识、全员参与的条件下进行5S活动,经过一段时间后,就难以推行下去。

> **5S活动推行最大的障碍是没有共识及存在太多的争议。**

6.4　导入时机的选择

假如企业未曾推动5S活动，在导入时最好能依11个步骤来执行。如果是曾经推动过但不甚理想者，可重新检讨、修正，从各个步骤中确认执行过程中最薄弱的部分加以改善，重新营造5S活动的新鲜气氛，并下定长久持续的决心。

在导入的过程中，导入时机把握的好坏也是5S活动能否顺利推行的重要影响因素，如果在不恰当的时机导入，例如生产旺季、人员流动率高、士气低迷等时导入，则会事倍功半。

一般较为理想的导入时机为：

●新厂成立时；

●新生产线导入时；

●新产品或新技术引进时；

●新的管理革新时；

●新年度开始时；

●员工较稳定，干部有提升管理力意愿时；

●配合其他管理活动一起推动时。

6.5 5S 活动备忘要点

A. 正确的心态

5S 活动没有速成班，唯有以 "长期抗战" 的心态来维持，才能达到 5S 最需要的目的，让员工由 "每天把垃圾打扫干净" 转变为 "不丢垃圾、保持整洁"，依整备、导入、成长的次序有计划、有系统地去实施。

B. 持续推进的要领

① 维持 5S 意识

●公司与全体员工都必须永远抱着要推进 5S 的心情。

●5S 的讯息，最高主管的巡视，海报标语，5S 加强月等工具应运用自如，经常维持新鲜的心情。

② 要制造 5S 改善的机会

●需要实施改善活动的引起动机。

●5S 创意竞赛活动等亦非常有效。

③ 赋予对 5S 的动机

●自己职场的水准提高多少？大家是否认同它？

●实施定点摄影或优秀职场表扬。

D. 对公司水准赋予动机

●公司的 5S 水准现在已达到什么程度?

●目标在何处?

●再提升多少水准的话，就能超过其他竞争厂家，或赶上标杆厂家? 即要明确公司的 5S 水准，从而推进 5S 活动。

· 第七篇 ·

5S的延伸

1. TPM的开展
2. QCC的开展

7.1 TPM 的开展

7.1.1 活动的延伸

任何一项活动，当推行一段时间后，应检讨如何修正和突破，设法将公司提升到更高的层次。假如没能适时地加以延伸，活动容易变成僵化，甚至失去原有的意义。

5S 活动推行到一定阶段，企业的管理人员有更新更高的需求时，应适时地加以延伸，如推行 TPM、TQC 等。

7.1.2 何为 TPM

TPM [Total Productive Management (Maintenance)] 即全面生产管理（保养）。1951 年，美国提出了 PM。日本企业在PM基础上，经改良后，发展形成了现在的TPM理论。它以与生产密切相关的设备为切入点，通过设备、工作环境的改善来改善人的看法、想法，进而改善企业的体质。

TPM 的定义如下：

●追求生产系统效率（综合效率）之极限，以改善企业体质为目标；

●在现场现物架构下，以生产系统全体生命周期为对象，追求"零灾害、零故障"，并将所有损失在事先加以防止；

●生产部以外,还包括开发、业务、管理等所有部门；

●上自经营层，下至第一线的员工，全员都参与；

●经由小团体活动来达成零损失的目标。

TPM 的特色如下：

●追求经济性；

●全面系统性；

●从业人员自主保养；

●由所有部门参加的全公司活动；

●消除所有损失。

7.1.3 TPM 改善的效益

A.业界导入的效果

●生产力（P）方面：附加价值生产力提升1.5～2倍；

突发故障件数为导入前的 1/20；

设备综合效率提升 1.5～2 倍。

●品质（Q）方面：工程不良率降为导入前的 1/10，客诉率降为 1/4。

●成本（C）方面：制造成本降低 30%。

●交期（D）方面：制品、半成品（在制品）库存减半。

●安全与士气（S、M）方面：零停工灾害、零公害。

B.有形的效果

●设备综合效率提高；

●劳动生产力提升；

●故障件数减少；

●附加价值生产力提升；

●产品不良率降低，客诉事件减少；

●加工损失费用减少；

●成本降低；

●逐步达到省人化；

●库存减少；

●材料周转率提升；

●劳动灾害降低；

●士气上升，改善提案件数倍增。

7.1.4　**TPM** 的内容

TPM 活动 8 大支柱

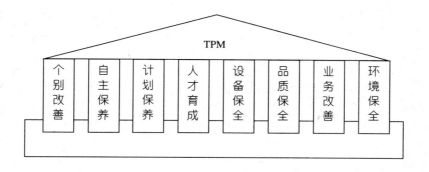

支柱 1：为求设备效率化的个别改善（个别改善）

支柱 2：建立自主保养体制（自主保养）

支柱 3：建立保养部门之计划保养体制（计划保养）

支柱 4：提高操作及保养的技能训练（人才育成）

支柱 5：建立设备初期管理体制（设备保全）

支柱 6：建立品质保养体制（品质保全）

支柱 7：建立管理间接部门的效率化体制（业务改善）

支柱 8：建立安全、卫生与环境的管理体制（环境保全）

支柱 1

为求设备效率化的个别改善，排除 16 大损失。

●目标：

①实现零故障、零不良的目标；

②发挥生产效率化之极限；

③提升并发挥员工的技术能力、解析能力、改善能力。

●步骤：

①选定示范设备、示范线、示范工程；

②组成专案小组；

③掌握现状的损失；

④设定改善主题及目标；

⑤拟定改善计划；

⑥解析问题及拟定对策进行对策评估；

⑦实施改善；

⑧确认效果；

⑨标准化；

⑩水平展开。

支柱 2

建立自主保养体系。

●目标：

①实现设备应有的状态；

②开展防止劣化的活动；

③人员的意识改革。

●步骤：

①初期清扫（清扫检查）；

②拟定发生源即困难部位之对策；

③制定自主保养暂定基准；

④总检查；

⑤自主检查；

⑥标准化；

⑦彻底推行自主管理。

支柱 3

建立计划保养体制。

●目标：

①防止发生 8 大损失；

②保养部门效率化。

●步骤：

①建立备品管理体制；

②进行延长寿命的改善；

③预知保养；

④分析故障原因及防止再发生；

⑤推行 MP 活动。

支柱 4

建立生产、保养人员的技能教育、人才育成。

●目标：

提升从业人员及保养人员的技能，充实教育体系。

●步骤：

①保养基础课程的教育；

②教育体系的建立；

③ TPM 成果发表会的开展。

支柱 5

建立设备初期管理体制。

●目标：

①设计不发生故障、不良的设备；

②尽早使设备安定运转。

●步骤：

①设定设计目标、自主保养性、操作性、信赖性；

②检讨指出在设计出图、制作安装阶段的问题点；

③调整实施程序。

支柱 6

建立品质保养体制。

●目标：

①创造维持零不良之方法；

②开展提升品质水准的活动。

●步骤：

① PM 分析与实施

②不做、不流出不良的防呆系统改善；

③挑战慢性不良；

④保证良品条件的管理；

⑤源流的管理。

支柱 7

建立管理间接部门的效率化体制。

●目标：

①管理间接部门的业务效率化；

②追求管理间接部门的应有形态。

●步骤：

①自主保养 5 个步骤的展开；

②进行初期的准备，拟定改善方向；

③问题点的指出和对策；

④发生源对策；

⑤基准作业手册的作成；

⑥依据个别改善减少准备时间，降低工时。

支柱 8

确立安全、卫生与环境的管理体制。

●目标：

①创造易于工作且安全的工作环境；

②成为值得社会信赖的公司。

●步骤：

①建立「安全巡视制」，排除不安全状态、行为；

②开展节省能源活动；

③开展环境改善活动；

④指出不安全作业与实施改善。

7.1.5 如何推行 TPM

全公司的 TPM 活动是按照 12 个步骤来展开的。

A．导入准备阶段

(1)高阶主管的 TPM 导入决心宣言。

(2)TPM 导入教育与宣传活动。

(3)建立 TPM 推进组织与模范单位的示范。

(4)设定 TPM 的基本方针与目标。

(5)制作成 TPM 展开的主计划。

B．导入开始

(6)召开 TPM 的实施大会。

C．导入实施阶段

(7)建立生产部门效率化体制。

●个别改善；

●自主保养；

●计划保养；

●提高保养技能的训练。

(8) 建立新制品、新设备初期管理体制。

(9) 建立品质保养体制。

(10) 建立管理间接部门的效率化体制。

(11) 建立安全、卫生与环境的管理体制。

(12) **TPM** 的完全实施与水准之提高。

7.2 QCC 的开展

7.2.1 何谓品管圈（QCC）活动

（1）QCC 是 Quality Control Circle

QCC 是同一工作现场的人员自动自发地进行品质管理活动所组成的小组。这些小组作为全面品质管理活动的一环，在自我启发、相互启发的原则下，活用各种统计方法，以全员参加的方式，不断地进行维持及改善自己工作现场的活动，称之为品管圈活动。

（2）尊重人性的活动

QCC活动是基于尊重人性的观点，以建立光明愉快的工作现场为目的的管理方式。过去的管理观念，认为人性大多厌恶工作，逃避责任，因此要施加压力或强制监督，这样才能达成目标。依此观念设计的组织制度，员工只有被动地执行命令，无法发挥个人的心智，贡献个人的才能。在竞争激烈的今日，这种管理无法面面俱全，已经渐感乏力，唯有靠集体的努力，共同发挥才能，聚集成一股巨力，才能使现场发挥最大的效果。QCC一改过去的积习，认为人人都想做好事情，因而从尊重人性出发，让员工有热心参与的力量，完成所交付的任务，使员工在工作中获得更大的满足感与成就感。

7.2.2 品管圈的主要活动

① 组成活动小组

② 改善手法研习，自我启发小组活动。

③ 定期或不定期圈会，自动自发处理现场的问题。

④ 定期举行公司、部门、班组等的成果发表会，并参加外界的品管圈大会、交流会、观摩会、研究会。

7.2.3 推行步骤

A.成立 QCC 推动组织

●委员会的成立；

●辅导员的组成；

●品管圈的产生，圈长的产生，圈名的决定、登记；

● QCC 活动应尽职责；

●圈会的推行方法。

B.问题点的提出

●维持与改善；

●现场问题点搜集；

●活动题目的决定；

●活动目标和计划之拟定。

C.决定评价特性，分析要因

●何谓特性要因；

●特性要因的特点、用法；

●脑力激荡法。

D.收集数据的方法

●把握事实，观察现场；

●利用查核表；

●设计查核表注意事项。

E.了解事实状况

●收集数据的目的；

●数据的种类；

●表示作业结果的数据；

●表示原因的状态或条件的数据。

F.把握影响较大的要因

●柏拉图分析的要领；

●直方图的作法；

●层别法的要领。

G.提出对策，分担工作，实施对策

●形成改善的观念；

●提出对策的想法和步骤；

●提出对策的技巧；

●整理改善对策；

●制订对策实施计划。

H. 拟定对策之实施

●改善对策的试行；

●改善对策的检讨；

●实施对策的要领；

●提案制度；

●品管圈圈会的提案风气。

I. 效果确认

●效果确认的目的；

●确认效果的要领；

●推移图的制作。

J. 标准化与维持效果

●效果维持的重要性；

●标准化体系；

●拟定标准书应注意事项；

● QCC 活动与标准化；

● 作业标准的修订。

K. 成果比较及资料整理

● 有形成果比较的主要项目；

● 无形成果的比较；

● 成果比较表示方式；

● 整理成果报告书的目的；

● 成果报告书的内容。

L. 成果报告

● 参加品管圈发表会之意义；

● 发表的要领及技巧；

● 图片制作的目的和原则；

● 参加品管圈发表会交流之意义；

● 奖励活动。

M. 本期活动之总检讨

● QCC 重要的成功因素；

● QCC 推行心理成长过程；

● 不足因素的检讨；

● 改善突破。

· 第八篇 ·

推行5S的好处

1. 提高企业形象
2. 减少浪费
3. 安全有保障
4. 标准化的推动者
5. 增加员工归属感

8.1　提高企业形象

●清爽明朗洁净的环境，能使客户对企业产生信心；

●会有很多人到企业观摩；

●提高企业的知名度和形象；

●客户下单意愿增强，市场占有率相对提高。

8.2 减少浪费

● 5S 活动可节省消耗品、用具及原材料；

● 节省工作场所；

● 减少准备时间。

8.3　安全有保障

●有推行5S的场所必然舒适亮丽,流程明畅,可减少意外的发生;

●全体员工遵守作业标准,不易发生工作伤害;

●危险点有防止和警告;

●5S活动强调危险预知训练,每个人有危险预知能力,安全得以保障。

8.4 标准化的推动者

●强调作业标准的重要性；

●员工能遵守作业标准，服务品质提高而且稳定；

●通过目视管理的运用与标准化，能防止问题的发生。

8.5 增加员工的归属感

●明朗的环境，可使工作时心情愉快，员工有被尊重的感觉；

●经由 5S 活动，员工的意识慢慢改变，有助于工作的推展；

●员工归属感增强，人与人之间、主管和部属之间均有良好的互动关系；

●全员参与的 5S 活动，能塑造出良性的企业文化。

·第九篇·

5S活动宣传案例

1. 5S 推行手册
2. 早安运动
3. 早会
4. 标语、征文活动
5. 征答活动
6. 漫画板报活动
7. 礼仪手册

9.1　5S推行手册（范例）

序　言

人，都是有理想的。

企业内员工的理想，莫过于有良好的工作环境，和谐融洽的管理气氛。5S借造就安全、舒适、明亮的工作环境，提升员工真、善、美的品质，从而塑造一流公司的形象，实现共同的梦想。

为配合工厂广泛开展5S运动，特编写了《5S推行手册》，手册中较为详实地介绍了5S的定义、目的、效用、推行步骤、推行要领及其意义，具有一定的指导性。为此，热忱希望广大员工对该手册勤学习，多领会，常行为，并循序渐进、持之以恒，不断规范自己的日常工作，促使5S活动向"形式化、行事化、习惯化"演变，为工厂的稳步发展打下坚实的基础。

一、何谓 5S

5S 就是整理（SEIRI）、整顿（SEITON）、清扫（SEISO）、清洁（SETKETSU）、素养（SHITSUKE）五个项目，因其古罗马发音均以 "S" 开头，简称为 5S。

没有实施5S的工厂，触目可及就可感受到职场的肮脏，例如地板粘着垃圾、油渍或切屑等，日久就形成污黑的一层。零件与箱子直接放在地上，起重机或台车在狭窄的空间里游走。再如，好不容易导进的最新式设备也未加维护，经过数个月之后，也变成了不良的机械，要使用的治工具也不知道放在何处等等，显现了肮脏与零乱的景象。员工在作业中显得松松垮垮，规定的事项，也只有起初两三天遵守而已。要改变这样的工厂的面貌，实施 "5S" 最为适合。

二、5S 的定义与目的

1S——整理

定义：区分要用和不要用的，不要用的清除掉。

目的：把 "空间" 腾出来活用。

2S——整顿

定义：要的东西依规定定位、定量摆放整齐，明确标示。

目的：不用浪费"时间"找东西。

3S——清扫

定义：清除职场内的脏污，并防止污染的发生。

目的：消除"脏污"，保持职场干干净净、明明亮亮。

4S——清洁

定义：将上面3S实施的做法制度化，规范化，并维持成果。

目的：通过制度化来维持成果，并显现"异常"之所在。

5S——素养

定义：人人依规定行事，从心态上养成好习惯。

目的：改变"人质"，养成工作讲究认真的习惯。

三、5S 的效用

5S 的五大效用可归纳为：

1.5S 是最佳推销员 (Sales)

※被顾客称赞为干净的工厂，顾客乐于下订单；

※由于口碑相传，会有很多人来工厂参观学习；

※清洁明朗的环境，会吸引大家到这样的厂工作。

2.5S 是节约家 (Saving)

※降低很多不必要的材料以及工具的浪费；

※降低订购时间，节省很多宝贵的时间；

※ 5S 也是时间的守护神 (Time Keeper)，能降低工时，交货不会延迟。

3.5S 对安全有保障 (Safety)

※宽广明亮、视野开阔的职场，能使物流一目了然；

※遵守堆积限制；

※走道明确，不会造成杂乱情形而影响工作的顺畅。

4.5S 是标准化的推动者 (Standardization)

※大家都正确地按照规定执行任务；

※建立全能工作的机会，使任何员工进入现场即可展开作业；

※程序稳定,品质也可靠,成本也稳定。

5.5S可形成令人满意的职场（Satisfaction）

※明亮、清洁的工作场所;

※员工动手做改善，有示范作用，可激发意愿;

※能带动现场全体人员进行改善的气氛。

四、推行步骤

步骤1：组成5S推行组织

1.推行委员会成立。

2.权责划分。

3.部门主管切身感之投入。

4.执行评核作业。

5.协助改善工作。

步骤2：计划

1.资料搜集及他厂观摩。

2.引进外力或顾问协助。

3.行动目标规划。

4.训练及宣导设计。

5.方案及推动日程表设计。

6.责任区域。

7.5S 周边设施(看板)设计。

步骤3：宣导

1.教育训练。

2.标语、着色、演讲比赛。

3.海报、推行手册。

4.经营者下达决心。

步骤4：全公司一起大扫除

1.花费一天的时间,将工厂的每一个角落都彻底加以清扫。

2.和 5S 运动的宣传同时举行，效果也很大。

3.要掌握时机。

步骤5：全公司一起实施

1.首先以职场领导者为中心,由全员来处理不要的东西。

2.昂贵的东西、责任不明的东西、全公司性的东西及难以判断的东西，要由推进委员会负责来决定。

3.全职场一起来实施是其要领。

步骤6：由职场小团体来实施5S改善活动

1.挑出改善项目，定出优先顺序来实施。

●使用3UMEMO。

2.职场5分钟发表大会

●最高主管与推进委员会于大会开始后点明改善重点。

●特别要让人知道的"耀眼改善"作为重点。

3.制成目视的职场规则

●全公司性统一的部分，由推进委员来制成。

●期望于各职场别的独创性。

步骤7：5S职场诊断

1.半年一次，由最高主管与推进委员会巡视职场加以评价，其评价基准以下面3点开始进行：

a.是否形成有组织的营运(集会、职责分担等是否明确顺利）；

b. 职场上实际实施的状况如何（活用 5S 检核表）

c. 职场的活性度如何（集会的发言，参与程度等）

2. 表现优秀的员工要公开加以表扬。

步骤 8：反复步骤 6-7。

●一个循环完成后，再反复实施。

●其差别在于已转动到何处。

五、推行要领

（一）整理的推行要领

1. 所在的工作场所（范围）进行全面检查,包括看得到和看不到的。

2. 制定"需要"和"不需要"的判别基准。

3. 清除不需要物品。

4. 调查需要物品的使用频度，决定日常用量。

5. 制定废弃物处理方法。

6. 每日自我检查。

因为不整理而发生的浪费有：

1.空间的浪费；

2.使用棚架或柜橱的浪费；

3.零件或产品变旧而不能使用造成的浪费。

4.放置处变得窄小。

5.连不要的东西也要管理造成的浪费。

（二）整顿的推行要领

1.要落实前一步骤整理工作。

2.布置流程，确定置放场所。

3.规定放置方法。

4.划线定位。

5.标示场所物品。

重点：

●整顿要形成任何人都能立即取出所需要东西的环境状态。

●要站在新人、其他职场的人的立场来看，使得什么东西该放在什么地方更为明确。

●对于放置处与被放置物，都要想办法使其能立即取出使用。

●另外,使用后要能容易恢复到原位,如果没有回复或误放时应能马上知道。

(三)清扫的推行要领:

1.建立清扫责任区(室内外)。

2.执行例行扫除,清理脏污。

3.调查污染源,予以杜绝。

4.建立清扫基准,作为规范。

●清扫就是使职场呈现没有垃圾、没有污脏的状态。虽然已经整理、整顿过,要的东西马上就能取得,但是被取出的东西要成为能被正常的使用状态才行。而造成这样的状态就是清扫的第一目的,尤其目前强调高品质、高附加价值产品的制造,更不容许有垃圾或灰尘的污染,造成产品的不良。我们应该认识到清扫并不仅仅是打扫,而是加工工程重要的一部分。清扫是要用心来做的。

(四)清洁的推行要领

1.落实前 3S 工作。

2.制订目视管理、颜色管理的基准。

3.制订稽核方法。

4.制订奖惩制度，加强执行。

5.维持 5S 意识。

6.高阶主管经常带头巡查，带动重视。

●5S 一旦开始，不可在中途变得含糊不清。如果没能贯彻到底，又会形成另外一个污点，而这个污点也会造成公司内固定而僵化的气氛。部分员工会认为："我们公司做什么事都是半途而废"，"反正不会成功"，"应付应付算了！"

要打破这种僵化的现象，唯有坚持贯彻到底，经过长时间烙上的污点，唯有花费长时间来改正。

(五)素养的推行要领

1.持续推动前 4S 至习惯化；

2.制订共同遵守的有关规则、规定；

3.制订礼仪守则；

4.教育训练（新进人员加强）；

5.推动各种精神提升活动（早会、礼貌运动等）。

●素养就是让大家能养成遵守所规定的事的习惯。5S 本意是以 4S（整理、整顿、清扫、清洁）为手段完成基本工作，并借以养成良好习惯，也就是透过任何人都容易着手的 4S 来达成目标素养。

六、检点表

1. 有没有用途不明之物。

2. 有没有内容不明之物。

3. 有没有空的容器、纸箱。

4. 有没有不要之物。

5. 输送带之下、物料架之下有没有置放物品。

6. 有没有乱放个人的东西。

7. 有没有把东西放在通路上。

8. 物品有没有和通路平行或直角地放。

9. 有否变型的装捆、装箱等。

10. 装捆有否破损（容器破损）。

11.工具、冶工具等是否放在所定位置。

12.有否直放在地板上，移动是否容易。

13.架子的后面或上面是否置放东西。

14.架子及保管箱内之物，是否按照所标示物品置放。

15.危险品有否明确标示，灭火器是否容易操作。

16.作业员的脚边是否有零乱的零件。

17.同样的零件是否散置在几个不同的地方。

18.作业员的周围是否放有超过必要之物（工具、零件等）。

19.有否在工场到处保管着零件。

七、整理之"要"与"不要"分类标准范例

（一）要

1.正常的设备、机器或电气装置。

2.附属设备（滑台、工作台、料架）。

3.台车、推车、推高机。

4.正常使用中的手工具。

5.正常的工作椅、板凳。

6.尚有使用价值的消耗用品。

7.原材料、半成品、成品。

8.尚有利用价值的边料。

9.垫板、塑胶框、防尘用品。

10.使用中的垃圾桶、垃圾袋。

11.使用中的样品。

12.办公用品、文具。

13.使用中的清洁用品。

14.美化用的海报、看板。

15.推行中的活动海报、看板。

16.有用的书稿、杂志、报表。

17.其他（私人用品）。

（二）不要

1.地板上的：

a．纸箱、灰尘、杂物、烟蒂。

b．油污。

c．不再使用的设备治、工具、模具。

d．不再使用的办公用品、垃圾筒。

e．破垫板、纸箱、抹布、破篮框。

f．呆料或过期样品。

2．桌子上或橱柜内。

a．破旧的书籍、报纸。

b．破椅垫。

c．老旧无用的报表、账本。

d．损耗的工具、余料、样品。

3．墙壁上的：

a．蜘蛛网。

b．过期海报、看报。

c．无用的提案箱、卡片箱、挂架。

d．过时的月历、标语。

e．损坏的时钟。

4.吊着的:

a. 工作台老旧的指示书。

b. 不再使用的配线配管。

c. 不再使用的老吊扇。

d. 不堪使用的手工挂具。

e. 更改后的部门牌。

八、明确在 5S 活动中之责任

(一)员工的责任

1.不断地整理整顿自己的工作环境。

2.及时处理不要物品,不可使其占用作业区域。

3.维持通道的畅通和整洁。

4.在规定地方放置工具、物品。

5.灭火器、配电盘、开关箱、电动机、冷气机等的周围要时刻保持清洁。

6.物品、设备要仔细地放,正确地放,安全地放,较大较重的堆在下层。

7.负责保持自己所负责区域的整洁。

8.纸屑、布屑、材料屑等要集中于规定场所。

9.不断清扫，保持清洁。

10.积极配合上级主管安排的工作。

(二)干部的责任

1.结合公司的行动目标。

2.多方面学习 5S 知识和技巧。

3.研读 5S 活动相关书籍，搜集广泛资料。

4.积极进行负责单位的 5S 活动宣传、教育。

5.对部门内的工作区域进行划分。

6.依公司 5S 活动计划表，分解细化为部门计划工作。

7.帮助部属解决活动中的困难点。

8.担当 5S 活动委员及评分委员。

9.分析和改善 5S 活动中问题点。

10.督促部属的清扫点检工作。

11.检查员工服装仪容、行为规范。

12.上班后之点名与服装仪容清查,下班前之安全巡查与确保。

九、5S 检核表（事务所）

1.是否已将不要的东西丢弃（抽屉、橱、柜、架子、书籍、文件、档案、图表、文具用品、墙上标语、海报、看板）；

2.地面、桌子是否显得零乱；

3.垃圾筒是否装得满出来了；

4.办公设备是否沾上污浊及灰尘；

5.桌子、文件架、通路是否以划线来隔开；

6.下班时桌面是否整理清洁；

7.有无归档规则；

8.是否按归档规则加以归类；

9.文件等有无实施定位化（颜色、标记）；

10.需要之文件是否容易取出、归位；

11.是否只有一个插座，而有许多个插头；

12.办公室墙角有没有蜘蛛网；

13.桌面、柜子上有没有灰尘；

14.公告栏有没有过期的公告物品；

15.饮水机是否整净；

16.管路配线是否杂乱，电话线、电源线是否固定得当；

17.抽屉内是否杂乱；

18.下班后垃圾能否清理；

19.私有品是否整齐地放置于一处；

20.报架是否有序排放；

21.是否遵照规定着装；

22.中午及下班后，设备电源有没有关好；

23.办公设备、是否随时保持正常状态，无故障物；

24.盆景有没有枯死或干黄；

25.是否有人员动向登记栏；

26.有无文件传阅的规则；

27.接到当事人不在电话时，是否以"留话备忘"来联络；

28.会议室物品是否定位摆设；

29.工作态度是否良好（有无谈天、说笑、看小说、打瞌睡、吃东西等现象）；

30.有没有注意接待宾客的礼仪。

十、5S 检核表（职场）

1.现场摆放物品（如原物料、成品、半成品、余料、垃圾等是否定时清理，区分要用与不要用的）；

2.物料架、模具架、工具架等是否正确使用与清理；

3.桌面及抽屉有没有定时清理；

4.区分物品材料或废料、余料等是否置放清楚；

5.模具、治具、量具、工具等是否正确使用，摆放整齐；

6.机器上有没有摆放不必要的物品、工具或摆放是否牢靠；

7.非立即需要或过期（三天以上）之资料、物品是否定位或入柜管理；

8.茶杯、私人用品及衣物等是否定位置放；

9.资料、保养卡、点检表是否定期记录、定位放置；

10.手推车、小拖车、置料车、架模车等是否定位放置；

11.塑料篮、铁箱、纸箱等搬运箱桶是否定位摆放；

12.润滑油、切削油、清洁剂等用品是否定位放置并作标示；

13.作业场所有没有予以划分，并加注场所名称；

14.消耗品（如抹布、手套、扫把等）是否定位摆放；

15.加工材料、待检材料、成品、半成品等是否堆放整齐；

16.通道、走道是否保持畅通，通道内有没有摆放或跨越物品（如电线、手推车）；

17.所有生产用工、治具、零件是否定位摆放；

18.是否划定位置收藏不良品，破损品及使用频度低的东西；

19.沾有油之抹布等易燃物品，是否定位摆放，尽可能隔离；

20.目前或短期生产不用之物品，是否收拾定位；

21.个人离开工作岗位或下班后，物品整齐置放；

22.动力供给系统有没有加设防护物和警告牌；

23.下班前有没有打扫和收拾物品；

24.垃圾、纸屑、烟蒂、塑胶袋、破布等有没有扫除；

25.机器设备、工作台、门、窗等有没有清理擦拭；

26.废料、余料、呆料等有没有随时清理；

27.清除地上、作业区的油污有没有清扫；

28.垃圾箱、桶内外是否清扫干净；

29.蜘蛛网是否已打扫；

30.工作环境是否随时保持整洁干净；

31.长期置放（一周以上）之物品、材料、设备等有没有加盖防尘；

32.地上、门窗、墙壁是否保持清洁；

33.墙壁油漆剥落或地上划线油漆剥落有没有加以修补；

34.是否遵守作息时间（不迟到、早退、无故缺席）；

35.工作态度是否良好（有无谈天、说笑、离开工作单位、呆坐、看小说、打瞌睡、吃东西等现象）；

36.服装穿戴是否整齐，有无穿拖鞋的现象；

37.干部能否确实督导部属，部属能否自发工作；

38.使用公物时，能否确实归位，并保持清洁（如厕所等）；

39.停工前是否确有打扫和整理；

40.是否遵照工厂的规定做事，有没有违背厂规。

9.2 早会

一、目的

1．使工作计划与命令顺利传达，促进全体员工对工作的理解。

2．相互交谈可以增进公司内部的沟通与交流。

3．使每个人朝气蓬勃地开始一天的工作，每个人的行动充满活力，所作所为皆朝着一致的方向迈进，这是公司早会最重要的目标。

二、适用范围

本厂全体员工。

三、时间

原则上每天正常上班前 10 分钟开始，一般控制在 5~10 分钟。

四、早会规定

1．参加早会人员应准时参加。

2．早会人员应服装整洁，正确佩戴厂牌。

3．精神饱满，整齐列队。

4．指定早会主持人员或以轮值主持的方式进行。

5．早会主持人针对工作计划、工作效率、品质、工作中应注意的内容、公司推行事项等作简要的传达和交流。

五、话题启示

1．提升工作品质；

2．调整自己的工作态度；

3．做事要有计划；

4．自发思考如何改善工作；

5．敏锐的时刻感觉与时间感觉；

6．自己解决抱怨、不满；

7．每日须有思考时间；

8．团队精神的加强；

9．沟通技巧；

10．职场礼节；

11．重要的人际关系；

12．积极地参与会议；

13．培养优秀人才；

14．以失败为教训；

15．目标的设定；

16．改变自己；

17．如何改善心理的坏习惯；

18．如何改善推卸责任的坏习惯；

19．应忘与不应忘的事；

20．学习别人；

等等。

六、建议

早会刚刚施行时也许效果不佳，原本可以获得良好成效的早会，只因方法错误，使员工扫兴，招致误解，最后成为无聊的一天的开始。为避免这种状况，应采取一定的应对之策。

首先应避免搬出"你要这样做"的应当论、原则论，这样易使人敬而远之，说教亦是如此。相处之道，贵在口吐真言，无法坦诚建言的主因是怕受他人批评或为人所轻视等不安感、恐惧感。

事实上，上述情形的发生，只是心理的障碍而产生的先入为主的观念，应多花时间，慢慢打开心扉，在早会时和同事作工作的沟通。

早会时，应该让大家坦诚地提几项建议：

①全体员工都应一致表现出坦诚提出意见的意愿。

②不批评、评价他人的提案，亦不打小报告。

③主张和真义应表里一致，如说明时应将心里的想法坦诚表述。

④有关早会的方式，若有异议，如有新方法或不同的构想，可随时提出来。

9.3　早安运动 (例)

一、目的

使公司形成良好的氛围，人人有礼貌、重礼节，共创融洽、和睦的团队。

二、适用范围

公司全体员工。

三、活动时间

1．5 月 1 日——6 月 30 日

2．每星期一 ———星期五早上 7:15——7:40

四、活动内容

1.在公司、车间的宣传栏进行《礼仪手册》内容的宣传。

2.部门和车间主管组织早安运动的宣传,积极配合、参与公司的活动。

3.干部和员工分阶段进行宣传教育；

4.分组轮值：

分组轮值表

组 别	部 门	组 长	组 员	轮值时间

5. 要求：

① 每组8人，组长参与并组织；

② 早上7:15前到达公司，在大门口列队，并佩戴"早安运动"授带，要保持精神饱满、服装整齐；

③ 向入厂的员工问候"早"或"早上好"。

9.4　标语、征文活动

一、目的

为了全员参与 5S 活动，与同事分享 5S 活动中的感受和体会，举办此次标语、征文活动。

二、适用范围

公司全体员工。

三、活动时间

即日起到 6 月 28 日止。

四、活动内容

1.标语以对联式的字句为原则；

2.征文的格式不限，一般字数不超过 500 字；

3.由各活动小组组长收齐后送管理部汇总。

五、评审

评审委员由委员会的委员担当。

六、奖励

一等奖 2 名，奖金＿＿＿＿＿元；

二等奖 3 名，奖金＿＿＿＿＿元；

三等奖 5 名，奖金＿＿＿＿＿元；

颁奖时间为 7 月 25 日。

●征文例范

5S 情 思

马胜得

曾几何时，你满目憔悴，

曾几何时，你几经风霜，

曾几何时，你忧虑重重，

曾几何时，你历尽苍凉。

虽也曾呐喊过，却总也喊不出心中的傍徨。

虽也曾跋涉过，却总是在困惑和无助中徜徉。

于是 5S 来了，

用她的清新和务实，

吸引了决策者那高瞻远瞩的目光，

于是你变了模样。

整洁的外貌雅致亮丽，

清晰的责任区和礼仪活动，

让人感受到你的严肃和端庄。

整洁的地板、明净的门窗，

精美的标识、干净的机床，

……

于是你就变得逐渐成熟，

也让我们更加激情和奔放，

虽然步履有些艰辛，

但却让我们看到你的希望。

因为芸芸众生之中，

已有了你光辉的形象。

新世纪已经到来，

好希望你能伴随 5S 的脚步，

用你的真诚和努力，

用你的拼搏和颂强，

去搏击新世纪的惊涛骇浪，

去淋浴那和熙的阳光，

让 5S 把你变得更加美丽，

让 5S 把你变得更加富强。

9.5 征答活动

一、目的

配合公司5S活动，了解员工对5S内容的理解和掌握程度。

二、参加人员

公司全体员工均可参加。

三、活动时间

本周五 18:00—— 20:00

四、活动方式

以活动小组代表进行现场抢答的方式进行。

五、5S有奖征答题目（例）

（一）简答题

1.请问什么是5S?

答：整理、整顿、清扫、清洁、教养。

2.请说出5S中"清洁"是指什么?

答：将前3S贯彻执行及维持成果，现场时时保持美观。

3.请问区分工作场所内的物品为"要用的"和"不要用的"是属于 5S 中的哪一项范围?

答:整理。

4.物品像腌咸菜一样放置属于 5S 中哪一项针对的内容?

答:整顿。

5.整顿是针对什么的浪费?

答:寻找时间。

6.5S 中哪一项能使职场消除脏污?

答:清扫。

7."这些物品是什么,保管员清楚就行,标示与否没关系",这种观点对不对?

答:不对。

8.请问 5S 中哪一项是针对人"质"的提升而提出的,也是 5S 运动的最终目标?

答:素养。

9.请问 5S 运动是暂时性的工作,还是持久性的工作?

答：持久性的工作。

10.行走中抽烟，烟蒂任意丢弃，是 5S 中的哪一项针对的范围？

答：素养。

（二）选择题

1.5S 活动是谁的责任？

①总经理　　　②委员会

③科长们　　　④公司全体

2.公司需要整理整顿的是什么地方？

①工作现场　　　　②办公室

③全公司的每个地方　④仓库

3.整理最主要是针对什么不被浪费？

①时间　　　②工具

③空间　　　④包装物

4.我们对 5S 应有的态度是什么？

①口里应付，做做形式　②积极参与行动

③事不关己　　　　　　④看别人如何行动再说

5.公司的 5S 应如何做？

①随时随地都得做，靠大家持续做下去

②第一次靠有计划地大家做，以后靠干部做

③做三个月就可以了

④车间来做就行了

6.5S 中哪个最重要，即理想的目标是什么？

①人人有素养　　　②地、物干净

③工厂有制度　　　　④产量高

7.清扫在工程中的位置是什么？

①有空再清扫就行了　②清扫是工程中的一部分

③地、物干净　　　　　　④生产效率高

8.5S 和产品质量的关系如何？

①工作方便　　　　　　②改善品质

③增加产量　　　　　　④没有多大关系

9.5S 与公司及员工有哪些关系？

①提高公司形象　　　②增加工作时间

③增加工作负担　　　④安全有保障

10.您对目前的工作环境有何看法？

①很多地方还很杂乱

②缺乏爱心，物品丢在地上没人捡

③大概可以了

④目前条件已无法再改善

9.6 漫画板报活动

搞好5S活动需要公司各个部门的通力合作，如果能有一个良好的5S活动环境，则5S活动就容易出成果。而要使活动成果更好地维持下来，维持5S的意识和新鲜的心情，则有赖于推动工具的运用和加强，漫画和各种板报的运用就显得特别重要。

现场管理

六月初,厂领导指示要彻底改善全厂科室和生产现场的面貌,明确指出要开展5S活动,使我厂的厂容厂貌来个大的改观,提高人员素质,并以此促进质量管理、生产管理、安全卫生管理等项工作。质保部根据厂部的指示,六、七月份开始准备资料,并进行前期宣传发动工作,随后联络了几家顾问公司,通过面谈、资料审查和对顾问公司的业务情况调查,我们选择了厦门福友企业管理顾问公司,为我厂5S活动提供顾问服务,协议规定辅导时间为四个月,每月顾问来厂辅导5天。下

5S 活动回顾与展望

现场管理　六月初,厂领导指示要彻底改善全厂科室和生产现场的面貌,明确指出要开展5S活动,使我厂的厂容厂貌来个大的改观,提高人员素质,并以此促进质量管理、生产管理、安全卫生管理等项工作。质保部根据厂部的指示,六、七月份开始准备资料,并进行前期宣传发动工作,随后联络了几家顾问公司,通过面谈、资料审查和对顾问公司的业务情况调查,我们选择了厦门福友企业管理顾问公司,为我厂5S活动提供顾问服务,协议规定辅导时间为四个月,每月顾问来厂辅导5天。下面简单回顾前段时间的5S工作:

一、8月18日在顾问的辅导下为我们开始了首期工作,此阶段主要是宣传发动和"整理"工作,具体如下:

1.厂领导参加,召开中层干部会议,就5S工作进行动员。

2.成立了工厂5S委员会,确定了工厂5S方针;全员参与、自主管理。

3.顾问对中层干部和班组长、骨干分别进行"如何推行5S活动"的培训。

4.组织班组长、骨干等到美芝公司参观,开拓了视野。

5.绘制了"工厂区域布置图",明确划分了各单位的责任区域。

6.制订了"物品的要与不要的基准"和"不要物处理程序"。

7.各单位对现场物品进行了大清理,按照标准的要求对物品进行要与不要的分类,对不要物以现场清走,并按程序处理。

二、九月十三日,第二期辅导工作开始,中心工作是进行"整顿",对"整理"之后留下来的有用物品合理定位和标识,具体如下:

1.顾问到各单位进行现场探讨,讨论现场各类物品的定位和标识的方案,指出存在的各种问题,并将问题点汇总后发往各单位,进行整改。

2.编制了"开展整顿工作的有关方法",对区域的划分、各类物品的定位和标识都给出了明确的指引。

3.各单位按照"全厂整顿计划"开展各项整顿工作,制订了本单位的整顿工作计划并实施,具体有:制作"本单位5S责任区域图";划分通道和各类区域,各类物品定位放置;补充制作物品放置设施;制作开关和各类物品标识。

4.各单位制订"本单位5S检查考核办法"并实施。

5.制作了5S宣传橱窗,公布现场相片、评分结果,规范着装标准。

三、10月20日进行第三期辅导工作,主要的工作内容如下:

1.检查整顿的效果,总结整顿中存在的不足,制订纠正措施,并跟踪落实。

2.全厂"评比工作准备;制订"5S考核办法"和"5S评分标准",确定各单位的5S难度系数。

现场状况有了很大的改观,过去我们的现场是:有很多无用或很少用的物品,占用空间,妨碍操作;机台旁边的地面上,工装、零件就地乱放;工具柜、物品柜中各种物品摆放随意、混乱难看,无标识;各类原材料堆成一团,没区区分;成品、半成品摆放随意,没有划分,物流通道经常堵塞;消防通道不畅;清洁工具摆放杂乱;地面、墙壁、物品及放置设施上灰尘严重;等等。现在的的状况是:不要物通道和各类区域划分出来了;原材料、半成品及工装、夹具、工具等在各自区域或相应架中整齐放置并标识;车辆、清扫工具、工作台凳、消防设施、设备等定位放置

9.7　礼仪手册

一、语言礼仪

古人说："良言一句三冬暖，恶语伤人六月寒。"可见择言选语是何等的重要。令人"三冬"暖，重在语言义涵上。鲁迅说："语言有三美，意美在感心，音美在感观，形美在感目。"可见吐语言谈又是何等的重要。令人"三感"美，贵在语言的表述上。望员工的每句话都能使人心暖"三冬"，情感"三美"。

请常用下面的礼仪语言

(一)见面时不理不睬不礼貌，而要打招呼问好，如使用"您好"、"您早"、"早上好"、"早"等问候语；对长者、尊者、上级应谦恭地问候；较熟的人要亲切地问候；不太熟的人可热情点头微笑打招呼。

(二)寻求别人帮助和请人办事，首先要说"请"、"劳驾"、"拜托"、"有劳您"等请托语。

(三)对给过帮助、方便和服务过的人应用感谢语，如"谢谢"、"多谢"、"让您费心了"、"难为您了"等。

(四)当影响、打扰、不利于人时，应向人道歉"实在对不起"、"很抱歉"、"请原谅"、"打扰您了"、"太不应该了"、"真过意不去"、"不好意思"等。

(五)称呼语（或称呼礼仪）

在正式场合称呼：张小姐、赵先生、李太太、孙经理、周厂长、陈工、于主任、于科长、徐处长；

对有声望的老人尊称：钱老、陆老、您老；

非正式场合称呼：小李、老张、张大姐、王伯伯、丁叔叔。

(六)问对方姓、单位礼仪

"贵姓"、"贵公司"、"贵厂"。

(七)电话礼仪

1.最好电话响第一声时就接听，至多不超过三声（不然显得管理不善）；

2.即使受对方极大的责难，仍要保持礼貌和耐心,并视为一种工作道德；

3.电话交谈要求用优美的语言和令人愉快的声调；

4.接、打电话的第一句话是："您好！这里是……"

5.拨错电话要说："对不起，我打错了。"

6.当来电说"您好，请问张小姐在吗"时，接听者存在三种情况：

A．正好是张小姐本人接电话，应这样开头："您好！我就是，请问您是哪一位？"

B．张小姐在场，旁人接电话，可这样开头："您好！她在，请稍等。"

C．张小姐不在，旁人接电话，可这样开头："对不起，她不在，请问您是哪一位？"在这里千万不能先问对方是谁，然后再告诉不在，如"您好！请问您是哪一位？她不在。"以免造成人在而不愿接电话或有意骗人的误会。

(八)当别人赞美自己时，应以感谢来表达。例如：于先生对卜先生说："你的文章写得真好。"卜先生应有礼貌地说："谢谢，您过奖了！"或说："谢谢，您太客气了。"千万不要说："好什么呀，别讽刺我了。"这种回答令人十分尴尬，是非常不礼貌的回答。

(九)介绍顺序原则是：

将年轻的介绍给年长的;将地位低的介绍给地位高的;把男士介绍给女士;把本公司的人介绍给外公司的人。一般用"请允许我向您介绍……"、"让我介绍一下……"或"这位是……"等句式，其内容可以有姓名、籍贯、工作单位、职业、职衔、兴趣、特长、毕业学校等。

(十)当对方说"谢谢"时,应回说"没关系"或"不客气",或"没什么"等。

要打断别人讲话前应先说:"对不起,请允许我插一句。"

二、仪表礼仪

(一)仪态

应常常恰到好处地微笑,让人感到平易近人、和蔼可亲。不能老板着面孔对人不理不睬。

男性要显得质朴纯真,高雅端庄,既彬彬有礼又落落大方。

女性要显得温文尔雅、柔婉恬静,既楚楚动人又自然庄重。

(二)站姿

头正颈直,嘴微闭,两眼平视前方;收腰挺胸,脚挺直,两臂自然下垂;两膝相并,脚跟靠拢,脚尖张开50°,从整体上产生一种精神饱满的感觉,切忌头下垂或上仰,弓背弯腰。

(三)坐姿

男性张开腿部而坐,手置膝上或放于大腿中前部,体现男子的自信豁达。女性则是膝盖并拢，体现其庄重矜持，落座声轻，动作协调，先退半步（穿裙子时双手从上而下理直后裙）后坐下，要坐椅面的一半或2/3处，两腿垂直地面或稍倾斜或稍内收，脚尖相并或前后差半脚。腰挺直，两手自然弯曲，扶膝部或交叉放于大腿半前部，切忌叉开两腿、跷二郎腿、摇腿，弓背弯腰。

(四)走姿

头正颈直，挺胸收腹，目光平视，两手自然下垂，前后摆动，并前摆向里35°，后摆向外45°，脚尖直指正前方，身体平稳，两肩不要左右晃动。男性显出阳刚之美，女性要款款轻盈，显出阴柔之美。不论男性或女性，均切忌八字步。

不要多人一起并排行走，不要勾肩搭背。在狭窄通道上如遇领导、尊者、贵宾、女士，则应主动站立一旁，以手示意或说声"请"，让其先走。上下楼梯不要弯腰弓背，手撑大腿，不要一步踏二三个台阶。遇尊、老、女、幼应主动让出有扶手的一边。

(五)头发、化妆

1.头发要保持整整齐齐、干干净净，不能又脏又乱，发型选择要符合美观大方、整洁，便于生活和工作。

2.男性不留长发，不烫发，可作适当的局部修饰，留胡子者需修理整齐，不留胡子者要刮干净。

3.女性发式要根据自己的年龄、职业、脸型、体形、气质和环境来选定，以大众化为好，不能过于夸张，如爆炸式发型，在办公室是很不协调的。

4.女士以化淡妆为对人有礼貌。要学会化淡妆的技巧，化了妆却使人感觉不到化了妆是最高超的化妆。白天过于浓妆艳抹反而会有损自己的形象，不适合在办公场所。

三、服饰礼仪

(一)服装要干净整洁，合乎时宜。男性衣着以大方稳重、潇洒而不粗野为好。女性衣着以高雅文静、时髦而不轻浮为好。办公女士衣着不可过于暴露，那样会显得不庄重，可适当选配项链、胸针、戒指、手链、耳环起画龙点睛的作用。该扣的扣子要扣好，该系的鞋带要系好，鞋袜不能有脏污，皮鞋要打油擦亮。

(二)西方国家戴戒指的含义

戴在中指表示正在恋爱，戴在食指表示已求婚，戴在无名指表示已结婚，戴在小指表示独身。

(三)穿西装的礼仪（男士）

1.双排扣的上装应全部扣好钮扣，但也可以不扣最下面的一颗；单排扣的上装可以不扣扣子，或仅系一颗风度扣。

2.打领带之前应先扣好衬衫领扣和袖扣，衬衫领口应露出上装领1~2 cm，领子平整不翘，衬衫下摆不应露在裤子外面。

3.在正式场合三件套西装应避免用毛背心或毛衣代替西装马夹，马夹一般不扣最下面的一颗扣，且贴身合体。

4.衬衣袖子应露出上装袖口2~3 cm，上装袖口应长出手腕2~3 cm。

5.上装左上外侧衣袋专用于插装饰手帕，手帕应插入口袋2/3。

6.上装内袋左边装记事本，右边装名片、香烟等物。上装其余口袋不应存放物品。

7.背心的四个口袋装珍贵的小物件，左胸口袋插放钢笔。

8.西裤边袋仅用于插手，右后袋放手帕，左后袋放零钱，裤腰左小袋放表。

9.配穿大衣不应过长，最长过膝下 3 cm 为止。

10.裤脚长应盖住鞋面，裤线应烫直挺。

11.领带前片应长于后片，以到腰带处为宜，应系正不歪，如穿马夹应放入马夹内，不能露领带夹。

12.在轻松场合穿西服可不系领带，但不要扣衬衣领扣，且领子可以翻出来。但此种着装不适合正式场合。

13.领带夹要夹在第三到第四颗钮扣之间

四、行为礼仪

(一)真诚谦恭待人，以对上级的谦恭是职责，对平级的谦恭是礼貌，对下级的谦恭是高尚为座右铭。

(二)办公室内用语文明，不说粗话、脏话、刻薄话，对话轻声以能听清为度，以免影响他人。

(三)不乱扔纸屑、烟头、果皮，吐痰入盂，无盂用纸包或进洗手间吐。

(四)办公室工作有条不紊，物品整齐干净，表象井井有序。

(五)任何言谈举止不得有损公司形象。

(六)待客礼仪

来客人首先应请进让座,等客人坐下后自己方可坐下,或等客人坐下后奉茶奉烟相待,与客交谈时要看着对方,不要看别处,更不要上下打量客人;客人离去时应以微笑相送或握手告别,说声:"走好"或"再见"。

1.奉茶礼仪:对长、尊、领导奉茶应左手扶杯,右手托杯底递向对方。平级、平辈可随便些,冲茶不必满杯,半杯多一点即可。

2.敬烟礼仪:敬烟时应将有过滤嘴那一头冲着对方递上去,并为其点烟。一根火柴只能点两支烟,不能再点第三支,用打火机点两支烟后必须灭火,重新打燃再接着点,一火连点三支烟视为不礼貌。

3.在长、尊、领导房间时,未得到允许不可吸烟,在禁烟的公共场所不要吸烟。

(七)宴请礼仪

入席座位应听从主人安排,就座时应向其他客人表示礼让,若无人安排座位可自选下位就座。长者、尊者、领导居主位,主持人坐他们的左侧位。家宴通常由主人坐主位,主宾坐在主人的右侧,若主宾的身份高于主人,也可坐主位,其余人按身份职位对等排列。主位一般习惯定为坐北朝南的座位，或迎门一方的座位。

主人开席致词祝酒时，客人应停止讲话和其他活动，专心倾听以示尊重。若主人站起祝酒，客人应立起回敬。喝毕后坐下，尽量等主人招呼后再动筷吃菜。

待应顺序应从男主人右侧位开始，接着是男主人，由此自右向左顺时针方向进行。上菜、派生菜、分汤、斟酒等都要按以上顺序进行（国外待应顺序与此相反，逆时针进行，最后是主人位）。上菜应从每个人的左侧端上，撤盘应从右侧撤下，斟酒应从右侧斟上。服务员斟酒时不应拿起酒杯，喝酒后应将酒杯放回原位。

向长者、尊者、领导敬酒时，敬词先行，站起来双手端杯等长辈、尊者、领导端杯后，即可先干为敬，拿着杯直到长者、尊者、领导饮毕后再放下手中的杯子。

(八)握手礼仪

1.参加聚会时应先与主人握手，再与房间里其他人握手。

2.男士与女士握手需待女士先伸出手，而不能主动与女士握，握时轻握女士的手指部分，不要握手掌部分。

3.不要随便主动伸手与长者、尊者、领导握手，应等他们先伸手时才能握。

4.有时对方可能未注意自己已伸手欲与之相握，因而未伸手，此时应微笑地收回自己的手，毋须太在意。

(九)呈受名片的礼仪

1.递呈名片应择机准备好，以双手呈上，说声"请!这是我的名片。"

2.接受名片应双手接过后，认真仔细看一遍，牢牢记住对方名字，说声"谢谢"，不要随便塞进衣袋或随便一扔，应小心而慎重地放置起来或放在名片盒里。

(十)上楼、进电梯应让老者、女士、身份高者先上先进。下楼时、出电梯时自己先下先出。

上车时应替别人开好车门让老者、女士、身份高的先上。下车时自己先下，站立一旁，照顾老者、女士、身份高者先下车。

轿车的坐位安排应该是，主人或主持人坐在驾驶员旁边的座位上，主客、身份高者坐驾驶员后面的座位。

. 第十篇 .

品质文化

1. 全员参与
2. 人的品质

10.1 全员参与

目前国内企业在推行 5S 过程中往往停留在制造部门、物料部门或管理部门等，而研发、销售部门常会漠不关心。其缘由是认为 5S 活动主要是制造现场的改善活动而已，没能将基础管理与经营活动紧密联系起来，故真正做到全员参与 5S 活动的企业为数仍然不多。

不论是CWQC中的CW（Company Wide），还是TPM中的 T（Total），都是"全员参与"的意思，也就是品质、成本、产量等项目的管理绝非是某一部门的事，或是某些人的专责，而是上自董事长、总经理，下至最末端的基层工作人员的共同责任。例如品质管理中所强调的就是要使我们制造的东西、所做的业务，或所提供的服务，能使客户获得满足感，最终达到客户对公司或品牌的安心感，只要听到某某公司的制品，或某某品牌，就能充分信赖而毫无疑虑。这需要每一部门以及每一成员通力合作，把每一个策略做对、每件事做好，真正使客户获得安心感。

事实上，每一个管理事项，如果有部分成员或者某一个成员跟不上进度的话，全体目标都会受到影响。譬如规定"最后离开工作场所者一定要把灯关闭"，但只要有一个成员不遵守的话，目标就不能达成。是故，如何有效引导占较大比例的基层员工参与管理、参与改善，是一家企业竞争能力强弱的重要体现。企业管理干部每日除了忙于日常的工作以外，还要考虑如何训练自己，培育部属，提高员工的水平，提供给员工机会和场所，使他们的智慧、构想有办法贡献到自己的工作现场，发挥更大的力量，并达到全员参与、全员经营的目的。

5S、QCC、TPM 等管理活动提供了许多全员参与的科学方法，企业为了强化体质，战胜日益激烈的竞争，必须使每一个成员自动自发地参与管理活动，才能突破困境，提高经营效益，并求更大的发展。

10.2 人的品质

谈到管理，自然会涉及人、事、时、地、物，在各要素中人位于首位自无疑义，也是潮流所趋。5S活动中之素养，即人质的提升，实为企业永续经营的根本。

人质的提升即品性、道德的提升。以人作为研究对象，会发现人拥有多种层面，影响人质的因素亦很多，在此仅就企业和人拥有的层面作一陈述。

首先，从生活层面来看，人扮演着家庭人、职业人以及社会人三个角色，并且相互间密不可分，人在一生中不断学习，与各式各样的人交流，努力工作并享受家庭生活，追求福祉与和平的实现。

其次，从经营层面来看，人在某方面是一个"经营者"，拥有经营权，另一方面是一个从业者，拥有劳动基本权。如何成为一个高品质、有良好信誉的组织人，很好地协调经营者与劳动者的关系，达成企业目的，完全取决于人。因此，所谓"企业的根本在于人"的原因，也在于此。

然而国内企业却常出现许多不和谐的声音，经营者感叹"员工的素质良莠不齐"，员工抱怨"干部素质太差，管理氛围恶劣"，更多的感慨是认为年青的员工没有老一代员工那种认真、敬业、无私的精神。难道随着社会的进步、经济的发展，人的品性、道德反而会沉沦吗？答案应该是否定的，关键是随着进步和发展，作为企业，应考虑如何培育和关心每位员工，如何形成良好的管理氛围以及行为模式。而作为员工，应从自我做起，点点滴滴养成良好的行为习惯。

记得鲁迅先生说过："日本人可怕的是太过认真，中国人可怕的是太不认真。"时至今日已经几十年过去了，我们不认真的习惯又改变多少了呢？最近看到一则报道：安徽某轮胎公司的千余名职工放弃外企优厚的待遇，回到原有的国企，原因不是外企收入不高，也不是工作条件或环境差，而主要是：太规范、压力大。太规范也就是职工无法适应每个工序都必须按规定去做，一旦违反立刻会被批评和制止的做法。职工说在原来的国企可以不按工序操作规程去操作，可按自己的想法、习惯自主地随意操作。难道职工的自主随意操作比由管理人员和工程技术人员按产品设计要求、经过仔细探讨制定的操作规程还科学吗？回答是否定的。退一步说，即使职工在操作过程中发现了操作规程中的不合理之处，并发明了新的操作方法，也不应通过擅自改变操作规程的做法来体现自主，而应采用向管理人员反映自己的想法或发明，并由管理部门会同有关部门修订原来的操作规程和操作方式来实现职工的自主性。如果每个职工都随意自主地操作，那么职工的工作质量就不会得到保证，产品的质量也会偏离设计要求。

又有一则题为"光缆外壳嵌进花生壳"的报道，说是中国工程院院士赵梓森谈到一件令人痛心的事：有一次，武邮院接到用户投诉说光缆漏了，技术人员百思不解，奔赴现场一看，原来，光缆的外壳塑料上竟嵌进了一个花生壳！大家推断这可能是生产塑料时，工人边生产边吃花生造成的。赵院士说武邮院以前一直用国外的塑料，后来听说国内的技术也很好，就改用国内产品，却发生了这件事。

我们不禁要问，还有多少人不清楚必须认真做事才能拿钱、必须把事情做好才有饭吃这些最起码的观念。认真规范的意识观念是我们的立身之本，也是国家的立国之本。所谓观察国民生活习性，可判定国之强弱，同理，观察各人习惯，亦可判知其自主性强弱及成就高低。

一个好的习惯往往成就人的一生。如果有人问台塑董事长王永庆先生的最大习惯是什么，很多人会说"每天跑5000米或游泳"。也许我们会认为这是他生活中的一部分，不过，又有多少人能将跑5000米变成习惯，且数十年如一日？可见成功绝非偶然。跑步是一项单调的活动，不同于玩球赢局，登峰俯瞰……因此，需要坚定的毅力与恒心,怀抱使命,才能够迈入这艰辛、平淡且永无休止的路程。

可见观念改变,可导致行动改变,习惯也随着改变,从而也可改变一个人的命运。

我们身为企业的一份子,不但要成为企业人,更要立志为自主人、高素养人,随时检视自身的习惯,确立健全观念。正如5S中所强调的,不断提升人的品质,提升企业的体质,进而改善社会环境,提升生活品质,实现良性循环。如图中所示:

 福友企业管理顾问有限公司
FORYOU CONSULTANT CO.,LTD.

献给 **站** 着睡觉的人

福友企业管理顾问有限公司
服务项目简介

公司简介

★ *Since 1994*
★ *辅导、培训各类型企业逾2 500 家，人数逾50 000人次*
★ *中国管理咨询行业十大标志性品牌*

福友企业管理顾问有限公司，由台湾知名企管专家林荣瑞先生于1994年创办成立。公司以"提升人的品质"为宗旨，以"和谐、精进"为企业精神，以"追求卓越，创造一流"为经营理念，并向顾客承诺：创造一流的效果。

公司提供的服务主要针对企业内部管理的建立及提升与改善。服务项目包括企业管理诊断、制度规划设计、合理化的导入、员工教育训练（企管研习会、企业内训）、经营管理咨询、顾问辅导，以及企业管理书系、精美海报标语等的企划、发行。

在众多企业界朋友的关心与支持下，公司已在全国各大省市成功地辅导及训练台资、港资、欧美、国有及私营企业逾2 500家50 000人次以上，享誉中国大陆制造型企业。

伴随着国内企业的成长，福友团队也在适时不断地对自己提出更高要求的挑战：

◆ **制造业管理经典用书尽在福友！**

《福友现代实用企业管理书系》务实可操作性的风格已成为全中国制造业经典用书！

◆ **制造业科学管理的黄埔军校！**

最早接受福友培训的企业人，现已成长成为企业的中高层管理中坚干部；最早接受福友指导的企业业已更加发展壮大，福友承诺：成功路上与您同行！

◆ **专业团队日益发展壮大！**

福友在企管业界的良好口碑，吸引着愈来愈多的两岸知名企管专家前来助阵。随着专业团队的日益发展壮大，近20位专聘顾问能够更好地为广大企业提供更多直接有效的服务！

我们是专家不是学者，本着务实的作风扮演"企业成功路上良师益友"角色，志在为国内的企业管理水平的提升贡献一份心力。

福友承诺：

好东西与好朋友分享，矢志成为您管理路上的好帮手！

厦门总公司	电话:0592-2395581(总机)	传真:0592-2396530 2395580	http://www.foryou.tw.cn	E-mail:xm@foryou.tw.cn
泉州公司	电话:0595-22160010(总机)	传真:0595-22160012	http://www.foryou.tw.cn	E-mail:qz@foryou.tw.cn
苏州公司	电话:0512-68294860(总机)	传真:0512-68294859	http://www.foryou.tw.cn	E-mail:sz@foryou.tw.cn
宁波公司	电话:0574-87856585(总机)	传真:0574-87856586	http://www.foryou.tw.cn	E-mail:nb@foryou.tw.cn
青岛公司	电话:0532-80990086(总机)	传真:0532-80990087	http://www.foryou.tw.cn	E-mail:qd@foryou.tw.cn
深圳公司	电话:0755-86110016(总机)	传真:0755-86110015	http://www.foryou.tw.cn	E-mail:gd@foryou.tw.cn

福友企业管理顾问有限公司
FORYOU CONSULTANT CO.,LTD.

献给 站 着睡觉的人

福友企管 VIP

■ 选择福友 VIP 的理由

1．口碑最好：造福朋友是福友的一贯宗旨
2．足迹最广泛：福友足迹遍布国内 30 多个省市，书籍更是远销东南亚、美国、台湾
3．经营最稳健：福友从 1994 年成立至今已逾十六余年历史
4．课程最多：每年在全国举办各类生产经营管理培训课程
5．阵容最强大：近 20 位专职两岸专家汇集福友
6．内容最实用："简单、直接、有效"是福友公司的一贯承诺
7．服务项目最多：制造业经典用书、经典课程、训练营、系列内训、专案诊断、
　　　　　　　　辅导享誉国内
8．收费最公道：保证物超所值

■ VIP 超值优惠表

项次	项　　　目	VIP 客 户 类 别					备　注
		福卡贵宾	A 卡贵宾	B 卡贵宾	C 卡贵宾	D 卡贵宾	
		80000 元	42000 元	35000 元	28000 元	15000 元	
		有效期 24 个月					
1	参加福友公开课程	5.0 折	5.5 折	6.0 折	6.5 折	6.8 折	此三项消费费用依不同卡别折扣后从会员费中扣除即可
2	购买福友企管书系／标语						
3	参加福友各阶训练营（限学费）	6.5 折	7.5 折	8.0 折	8.5 折	9.0 折	
4	企业内训	9 折					此消费可从福卡中扣 其它卡另外付
5	企业辅导、企业诊断、常年顾问	9.5 折					此项消费费用另外给付
6 免费赠送项目	赠送福友企管书系（等额书籍可任选）	1000	500	500	300	300	完全免费
	赠送训练营名额 1 人次（各阶训练营可任选）（限学费）	√	不享受	不享受	不享受	不享受	
	高级顾问师免费到企业诊断一天，诊断完毕后将提供书面诊断报告给企业（价值 6000 元以上）	√	√	不享受	不享受	不享受	
	免费参加福友举办年度总经理论坛（各区举办）	√	√	√	√	√	
	赠送《福友顾问》期刊	√	√	√	√	√	
	训练营训后咨询及改善交流会	√	√	√	√	√	

献给 站 着睡觉的人

企管研习会

■ 定点定期：

※深圳、广州、厦门、泉州、福州、杭州、宁波、台州、苏州、无锡、
常州、青岛、烟台等城市(其他城市视需求开办)。

※每月全国举办次数不低于8场，ＶＩＰ会员可自由选择上课地点。

■ 名师汇聚：

※两岸众多知名的企管专业讲师。

■ 讲座课题：

项目	序号	课程	名称	项目	序号	课程	名称
经营管理	01	企业策略规划的展开与整合	12H	品质管理	01	如何做好现场品质管理	12H
	02	中层主管技能与执行力提升训练	12H		02	QC手法运用	12H
	03	企业运作与管理整合	12H		03	统计制程管制SPC教育训练	12H
	04	中国式管理	12H		04	TQM全面品质管理	12H
	05	中层主管管理提升训练	12H		05	数据与图表的建立与应用	12H
	06	一个领导者的角色认知与管理思维	12H		06	FMEA失效模式与效果分析	12H
人力资源管理	01	如何选人、用人、育人、留人	12H		07	QCC品管圈推动实务	12H
	02	选才与面谈技巧	12H		08	TS16949训练	12H
	03	人力资源主管精修班	12H	采购与物料管理	01	采购管理实务	12H
	04	卓越的团队管理技巧	12H		02	采购成本分析与降低策略	12H
	05	企业内部讲师培训(TTT)	12H		03	采购与供应商的双赢策略	12H
	06	薪酬设计与绩效考核	12H		04	高效的制造业物料与仓储管理	12H
	07	目标管理与绩效考核	12H		05	供应商的评估与采购管理	12H
	08	非人力资源部门的人力资源管理	12H	销售管理	01	如何成为杰出业务主管	12H
生产管理	01	现场管理实务	12H		02	门市、卖场销售技巧	12H
	02	如何成为出色的生产主管	12H		03	市场开发与销售技巧	12H
	03	生产计划与交期管理	12H		04	有效的客户关系管理	12H
	04	5S精益现场管理	12H		05	客诉的应对与有效处理	12H
	05	生产绩效管理	12H		06	销售通路、经销商管理	12H
	06	杰出班组长训练	12H		07	开发潜在客户的技巧	12H
	07	如何降低生产成本	12H		08	销售战术激发与活用	12H
	08	现场一线主管技能训练	12H		09	业务谈判策略与说服顾客之技巧	12H
	09	标准工时制定与工作改善	12H	财务管理	01	经营计划与预算管理	12H
	10	JIT精益生产管理实务	12H		02	内部稽核与内部控制	12H
	11	科学三大工具–IE手法提升效率	12H	其他	01	商务礼仪	12H
	12	TPM全面设备管理	12H		02	高效沟通与团队共赢	12H
	13	如何从技术走向管理之路	12H		03	如何发现、分析、解决问题	12H
					04	时间管理	12H
					05	研发管理研习会	12H

※　每期课程简章备索

福友企业管理顾问有限公司
FORYOU CONSULTANT CO.,LTD.

献给 站 着睡觉的人

企业内训

☺ 为什么沟通不良？
　　因为没有培训，缺乏共识。
☺ 为什么绩效不彰？
　　因为没有培训，方法不好。

一将难求，所有企业都同意"找人才比找客户还要难"，成功的企业也同意"找人才不如自己**造人才**"。尊敬的总经理，请把培养人才的任务交给"**福友**"，让我们帮您出色完成。

项目	序号	课程名称	课时	项目	序号	课程名称	课时
领导统御	01	卓越的团队领导技巧	7H	生产管理	01	生产计划与交期管理	14H
	02	中层主管技能与执行力提升训练	14H		02	问题意识与工作改善	14H
	03	中基层管理干部管理技能强化训练	14H		03	PAC 生产绩效分析与改善	14H
	04	一个领导者的角色认知与管理思维	7-14H		04	如何做好生产绩效管理	14H
	05	企业标准化的建立与推行	7-14H		05	现场管理实务	14H
	06	杰出班组长特训	14H		06	生产问题分析与对策	14H
	07	MTP 管理训练课程	14-42H		07	现场一线主管技能训练	14H
	08	TWI 基层干部管理训练	14-42H		08	如何成为出色的生产主管	14H
	09	如何做一名成功主管	14H		09	如何降低生产成本	14H
	10	沟通技巧与激励技术	14H		10	降低成本与工作改善	14H
	11	项目管理基础与实践	14H		11	IE 与现场改善	14H
	12	时间管理	14H		12	如何运用 IE 手法提高效率	7-14H
	13	沟通技巧与团队建设	14H		13	标准工时制定与工作改善	7-14H
	14	问题分析与解决技巧	*14H		14	精益生产(JIT)	14H
人力资源管理	01	如何选人、用人、育人、留人	14H		15	NPS 革新生产方式训练	14H
	02	如何制定薪资与考核制度	14H		16	TPM（全面设备保全管理）	14H
	03	选才与面谈技巧	14H		17	价值工程分析(VA/VE)	14H
	04	如何进行绩效考核评估	14H	物料管理	01	物料管理的问题与对策	14H
	05	平衡计分卡与绩效展开	14H		02	物料控制与仓储管理	14H
	06	目标管理与绩效考核	14H		03	有效的供应商管理	14H
	07	企业内部讲师培训	14H		04	物料与采购管理作业电脑化(MRP)	14H
	08	直接主管的人力资源管理	14H		05	MRP 导向的物料管理实务	14H
行销财务	01	销售主管精修班	14H		06	采购管理实务	14H
	02	销售通路、经销商管理	14H		07	采购谈判技巧	14H
	03	市场开发与销售技巧	14H		08	采购管理与供应商评估	7-14H
	04	有效的客户关系管理		品质管理	01	如何推行 5S 活动	7H
	05	客户投诉的有效处理	14H		02	数据与图表的建立与运用	7H
	06	业务谈判策略与说服顾客之技巧	14H		03	如何做好现场品质管理	14H
	07	经营计划与预算管理	14H		04	现场主管如何做好制程质量管理	14H
	08	成本管理与预算控制	14H		05	如何运用 QC 手法提升品质	7H
	09	内部稽核与内部控制	14H		06	如何推行 QCC 活动	14H
	10	非财务主管的财务管理	14H		07	SPC 统计制程管制	14-42H
其他	01	职场礼仪	7-14H		08	FMEA 失效模式与效应分析	14H
	02	福友企管各阶主管训练营			09	全面品质管理(TQM)	14H
					10	研发品质管理	7-14H
					11	6 个标准差(6σ)	14H

献给 站 着睡觉的人

企业辅导

1 . 足迹遍布
成功辅导过的企业东北至哈尔滨，西北至乌鲁木齐，足迹遍布中国大陆。

2 . 团队专精
- ➤ 所有企业辅导顾问师均为福友专职顾问师，均具有生产型企业十至三十年的中高阶实务管理经验；
- ➤ 经过福友十四年的优化过程，福友的顾问老师已大部分是各专业领域一流的专家；
- ➤ 最强大的辅导团队，采用团队专案小组辅导，为企业提供最佳解决方案。

■ **辅导项目：**

① 经营管理系统
- · 组织绩效诊断与提升：8 个月
- · 企业经营管理分析与整合：8 个月
- · 业务流程改进（BPI）：8 个月

- · 目标管理（MBO）：6 个月
- · SCM 供应链管理系统：8 个月
- · 市场营销系统规划与训练：4 个月

② 组织人事系统
- · 组织规划设计：4 个月
- · 薪资与绩效考核体系：4 个月

- · 企业教育训练规划：3 个月
- · 组织人事系统：6 个月

③ 生产管理系统
- · 5S 活动专案：4 个月
- · 生产管理系统：6 个月
- · IE 工作改善：6 个月

- · TPM(全面设备保全管理)：4 个月
- · 生产绩效管理：6 个月
- · (丰田生产方式)TPS：6~12 个月
- · 精益生产方式（JIT）：6~12 个月

④ 物料管理系统
- · 仓储管理系统：4 个月
- · 物料管理系统：6 个月

- · 供应商管理系统：4 个月
- · 物料需求规划 MRP 导入：6 个月

⑤ 品质管理系统
- · 品质检验制度设计与运用：4 个月
- · QC 手法运用：4 个月
- · FMEA 失效模式与效应分析：6 个月

- · SPC 统计技术运用：6 个月
- · 如何推行 QCC 活动：4 个月
- · 品质管理系统：8 个月

⑥ 研发管理系统
- · 研发管理系统（研发管理工具运用）：6 个月

■ **企业辅导流程：**

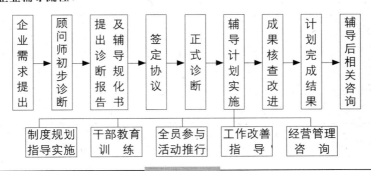

福友企业管理顾问有限公司
FORYOU CONSULTANT CO.,LTD.

献给 站 着睡觉的人

中阶主管系统训练营

■ **制造业中阶主管系统管理训练营（虎啸营）**

全方位打造企业大将

- 21 世纪，"中国制造"无疑将影响整个世界！
- 21 世纪，中国制造业必将面临惨烈的竞争，优存劣汰！
- 21 世纪，中国制造业最缺的是什么？优秀的中阶主管！

缺工日益严重，成本节节升高，这是每家企业必须面临的考验。企业生存与发展之道，唯有提升管理，应用科学管理工具来降低成本、提升品级，确保企业的健康发展。

中阶主管（厂长、经理）在企业中扮演著承上启下的角色，中阶主管的管理素质标志著企业执行力的高低。

尊敬的总经理，"找人才不如自己造人才"，请把培养企业大将的任务交给"福友"，让我们帮您出色的完成，为企业打天下！

■ **课程单元**

单元	课 程	单元	课 程
1	中层主管的人力资源管理	9	5S 与目视化管理
2	目标管理	10	生产计划与交期管理
3	日常管理标准化	11	IE 手法的运用
4	工厂检验制度设计及运用	12	精益生产
5	QC 手法及其运用实务	13	研发管理
6	SPC 在生产中的实际运用	14	高效沟通技巧与激励技术
7	物料控制与仓储管理	15	观摩企业 + 主题讨论
8	高效采购及供应管理	16	合计:15 单元

※ 服务电话:0592-2299953

献给 站 着睡觉的人

基层主管系统训练营

■ 制造业基层主管系统管理训练营（小虎营）

中国制造业面临日益严重的缺工缺干，相当多的企业困境已现，企业要脱困，势必要"**下定决心**"进行管理变革！

商机要争取时间，管理变革当然也要走在竞争者前面，路途远，时间长，很忙……只要您"**下定决心**"，福友可以早一点帮您脱离困境。

本训练的使命：

◆　为中小型企业强化现任基层主管的管理基础

◆　为中大型企业储备准备基层主管的人才

■ 课程单元

单元	课　　　程	课　时
1	管理的基础	3.5H
2	管理者的角色认知	3.5H
3	生产管理的问题与对策	7H
4	如何对部属进行工作教导	7H
5	现场品质管理的问题与对策	7H
6	如何推行5S	7H
7	沟通技巧与激励技术	7H

※　服务电话:0592-2299953

献给站着睡觉的人

福友企业管理顾问有限公司
FORYOU CONSULTANT CO.,LTD.

IE 专修班

■ 全面打造卓越的 IE 工程师

　　工业工程(Industrial Engineer)简称IE，是专门为**提高生产效率和经济效益**，把技术与管理有机结合起来的学科。工业工程（IE）在工业发达国家、地区（如美国、德国、日本、台湾等）已有几十年的历史，并得到普遍的应用。是制造业公认**省人化、省时化、最有效**的科学管理工具。

　　当前大陆劳动力**日益短缺，劳动成本节节攀升**，急需将以往"**人海战术**"的**赶量**文化，转型为**精简**劳动力的**效率**文化，IE工业工程的导入及IE人才的培养，对国内的企业来说管理的转型、升级，无疑是最为迫切的事。

　　福友企管秉持企业的宗旨—造福朋友，除了已发行两本IE的专著（《IE的运用》、《标准工时制定与工作改善》），为了协助解决国内企业IE人才的稀缺，筹备近两年的《IE专修班》，于2008年7月正式开办，全程6日，**目的就是为国内的企业打造优秀的IE专业人才，并为建立IE部门打下基础。**

■ 课程内容

单元	课　　　程	课 时
1	IE概论与标准工时制定	7H
2	标准工时制定	7H
3	IE－7大手法（上）	7H
4	IE－7大手法（下）	7H
5	PAC 生产绩效分析管理	7H
6	企业观摩与诊断	7H

※ 服务电话:0592-2395581

献给 站 着睡觉的人

福友现代实用企管书系

⑱ 生产效率的改善实务
陈进华 著

　　"工欲善其事，必先利其器"。本书以"效率"为中心，并以实际案例来阐述各种效率提升技法的操作步骤，帮助现场管理人员和制造工程师系统掌握现场效率分析与改善工具，全面提升生产效率！

定价：￥52 元

第一篇　　企业获利方式剖析
第二篇　　生产效率计算方法及影响因素分析
第三篇　　生产效率改善基础
第四篇　　标准工时制定
第五篇　　如何通过 Layout 提高生产效率
第六篇　　如何通过生产线平衡提高生产效率
第七篇　　如何通过人机配合改善提高生产效率
第八篇　　如何通过动作改善提高生产效率
第九篇　　如何通过设备管理提高生产效率
第十篇　　如何通过切换改善提高生产效率
第十一篇　如何实现持续改善

⑰ 班组现场精细化管理
祖林　陈汉波　著

　　本书结合国内制造业现场改善面临的问题及需求，全面梳理并剖析了精益现场改善的方法、工具及技巧，为班组管理人员提供了许多"拿来即用"的改善方法、工具和技巧，操作性强。

定价：￥52 元

第一篇　精益现场管理概论
第二篇　现场 5S 改善
第三篇　现场环境改善
第四篇　现场质量改善
第五篇　生产效率改善
第六篇　现场安全改善
第七篇　降低成本改善

⑯ 不会说话别当头
祖林　著

　　会说话，一靠技巧，二靠个人魅力，两者都是可以通过训练获得的。本书具体地讲述了提高说话水平、改善沟通能力的具体方法和实用技巧，带领大家学习"会对话"的方式，领略"会说话"的无价效益。

定价：￥45 元

第一篇　要当头，先会听
第二篇　会说话，好当头
第三篇　"煽"动下属
第四篇　"说"动同级
第五篇　"请"动上级

定价：￥55 元

⑮ 班组管理：从优秀到卓越
祖林　怀海涛　编著

　　本书由基础管理和管理技巧两大部分组成，系统阐述了班组管理的体系全貌和业务推进要点，提出了班组长应该具备的能力、素质以及班组管理中应该掌握的管理技能。

第一篇　班组长的职责定位
第二篇　班组一日管理
第三篇　高效率的班前会与员工教育
第四篇　班组人员管理
第五篇　班组业绩管理
第六篇　卓越班组建设
第七篇　有效的班组沟通
第八篇　班组人际关系
第九篇　职业化工作方法
第十篇　教导下属与有效激励

福友企业管理顾问有限公司
FORYOU CONSULTANT CO.,LTD.

献给 **站** 着睡觉的人

㊹ 职场沟通零缺陷
张晓彤 著

定价：￥45 元

本书选取职场中常见的沟通问题，以各种情境故事，有针对性地讲解了沟通中的实战技巧和方法，让你有效揣摩，教你轻松成为沟通达人。

第一篇 "面霸"是这样练成的
第二篇 同事之间的的关系建立
第三篇 向上沟通的技巧
第四篇 机会要欲擒故纵
第五篇 薪酬何时不心愁
第六篇 通过沟通打造所向披靡的团队
第七篇 向下沟通的艺术
第八篇 管理者之间的沟通
第九篇 漫谈沟通误区

㊸ 企业财务管理实务
简泽民（台湾） 编著

定价：￥48 元

随着未来产业环境的急剧变化，企业的经营分析对信息的需求日益迫切，这种需求的满足主要依赖于财会信息。由此可见，掌握必要的财会知识，熟悉财会分析的基本方法是必不可少的。

第一篇 财会知识概论
第二篇 会计财务的处理
第三篇 成本的概念
第四篇 成本的计算
第五篇 成本的核算
第六篇 损益计算
第七篇 财会报表—经营结果的体现
第八篇 成本分析与管控改善

㊷ 现场制程品质管制实务
傅武雄（台湾） 编著

定价：￥52 元

为使企业持续成长，势必以"产品价值"的升级作为突破口。其中主要的影响要素还是在管理，其中制程品质管制又是品质管理的核心。本书直接从工艺面切入，以浅显易懂的品管方法为手段，加上有效的改善技巧，全面介绍现场制程品质管制与改善策略，易懂、易学、易操作。

第一篇 品质管理总论
第二篇 现场质量不良的原因分析与防治策略
第三篇 制程品质改善的基础
第四篇 制程改善的有效技巧
第五篇 现场品管小组活动的运用

㊶ 如何推动目标管理
黄宪仁（台湾） 编著

定价：￥48 元

目标管理的最大好处是，它使管理者能够控制他们自己的成绩。这种自我控制可以成为更强烈的动力，推动他尽最大的力量把工作做好。本书是目标管理的实用工具手册，全面帮助企业目标管理走向规范化轨道。

第一篇 目标管理的理论与概述
第二篇 目标管理制度的规划与推动
第三篇 目标体系图
第四篇 目标的设定
第五篇 目标卡
第六篇 目标的沟通
第七篇 目标的执行
第八篇 目标管理的追踪
第九篇 目标的修正
第十篇 目标管理的绩效评估
第十一篇 目标管理的绩效奖罚

福友企业管理顾问有限公司
FORYOU CONSULTANT CO.,LTD.

献给 站 着睡觉的人

❹ 高效的生产绩效管理
王文信（台湾） 编著

在多批小量、短交期、高成本的竞争压力下，如何充分地运用资源，实现生产系统的最佳整体效益是企业当前最关键的课题。本书以企业如何进行生产绩效管理为主线，介绍生产绩效管理的概念、流程，剖析制造业提高生产绩效的实务方法，帮助读者全面掌握生产绩效管理的理念和实施工具。

定价：￥60 元

第一篇　生产绩效管理的概述
第二篇　生产绩效管理制度的规划与推动
第三篇　生产绩效指标的制定方法
第四篇　生产绩效的衡量方法
第五篇　生产绩效的改善方法
第六篇　生产绩效项目管理的方法
第七篇　生产资源效率化管理
第八篇　生产目标效能化管理
第九篇　生产绩效管理实例分析
第十篇　生产绩效管理的发展

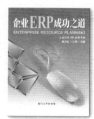

❸❾ 企业 ERP 成功之道
简泽民（台湾） 编著

历经数轮管理革新浪潮的冲刷，ERP 已经成为企业的商业管理利器。本书是简泽民先生十几年来经验的总结，从管理者的角度，依对 ERP 系统的管理认知，以精简的理论与实务案例让企业对 ERP 形成一个正确的认识，提升自身的市场竞争力。

定价：￥58 元

第一篇　企业 E 化的必要性
第二篇　ERP 系统的发展历程
第三篇　ERP 的定义与特征
第四篇　E 化失败的主要原因
第五篇　E 化成功的要件
第六篇　E 化的前提——合理化管理
第七篇　ERP 系统的框架
第八篇　企业 E 化的步骤
第九篇　E 化的专案基础
第十篇　企业 E 化的基础——系统规划
第十二篇　ERP 系统的选用评估
第十三篇　ERP 系统的上线施行
第十三篇　ERP 系统的成本与效益
附录　　　ERP 系统操作实例

❸❽ 员工应有的观念与态度
梁靓 编著

在这个充满竞争的社会，怎样成为老板需要的员工呢？全书不仅从管理者的角度，同时也站在员工的立场，结合发生在员工身上的案例，逐层分析，提供合理化建议，一定能让你摆脱消极怠慢的工作态度，成为老板需要的员工。

定价：￥45 元

第一篇　责任感——员工最基本的职业素养
第二篇　弄虚作假——职场发展的绊脚石
第三篇　忠诚——职场进阶的基石
第四篇　职业道德——职场突破的秘诀
第五篇　团队协作——职场成功的助力
第六篇　让你出类拔萃的工作准则
第七篇　创造财富与成功的八大心态
结语　　行动更重要

❸❼ 新产品研发与销售
黄宪仁（台湾） 编著

对企业来说，新产品上市既代表着新的利润增长点，也存在着一定的风险。如何利用好这把双刃剑呢？本书从管理者的角度，对每个环节中所涉及到的问题进行了全面而详细的阐述，并提出相应的对策。全书条理清晰，深入浅出，定能帮助企业做好新产品研发与销售的工作，提升新产品的竞争能力。

定价：￥48 元

第一篇　新产品的成功与失败
第二篇　新产品战略模式
第三篇　新产品的开发组织
第四篇　新产品构想的产生
第五篇　新产品构想的筛选
第六篇　新产品开发的速度
第七篇　新产品开发的预算
第八篇　新产品的销售预测
第九篇　新产品的设计
第十篇　新产品的试制
第十一篇　新产品试销
第十二篇　新产品的上市时机
第十三篇　新产品的初销上市
第十四篇　新产品的上市计划

❸❻ QC 手法运用实务
周冰 编著

QC七大手法是制造型企业应用最广泛的利器。本书周冰先生十余年的经验及对品管工作的体悟。全书以案例诠释的方式讲解QC七大手法的基本概念、运用时机及QC手法的综合运用　QCC活动等，逻辑清晰、语言通俗、案例丰富且贴合企业，为一本不可多得的QC七大手法实用书籍。

定价：￥40 元

第一篇　品质管制入门
第二篇　QC手法概论
第三篇　查检表——QC的基本功
第四篇　柏拉图——把握重点的利器
第五篇　拨开迷雾见本质——层别法
第六篇　寻找原因的捷径——特性要因图
第七篇　查看数据分布的工具——散布图
第八篇　品质稳定性的分析工具——直方图
第九篇　对发现问题的工具——管制图
第十篇　QC手法的综合运用——QCC活动
第十一篇　QCC活动案例

献给 站 着睡觉的人

福友企业管理顾问有限公司
FORYOU CONSULTANT CO.,LTD.

㉟ 采购与供应管理

王忠宗（台湾） 编著

王忠宗教授是亚洲采购界公认的权威专家。本书即是凝练王教授多年来采购实战经验的心血之作。

全书用理论为架构，以实务案例为主体，全方位介绍如何将采购理论转化成有用的采购技能，使采购人员在整个采购流程中能以最有效率的方式完成任务，定能提升采购人员的专业知识水平和工作执行能力！

定价：￥68元

第一篇 采购的定义及方式
第二篇 采购手册的编制
第三篇 采购手册的适用范围
第四篇 采购政策
第五篇 采购制度
第六篇 采购授权
第七篇 作业流程
第八篇 标准单
第九篇 采购部门的归属
第十篇 采购部门的建立
……
第二十六篇 供应商管理
第二十七篇 采购与各部门的协调
第二十八篇 采购稽核

㉞ 5S 推行问题与对策

曾跃频 编著

5S 容易做，却不易彻底或持久。本书即针对企业的这些"疑难杂症"，对症下药，从行动的5S、标准化的5S、预防的5S 三个阶段层层深入，教导企业如何让5S 实现由"形式化→行事化→习惯化"的转变，还详细阐述了在转变过程中可能存在的问题和解决对策。

定价：￥60元

第一篇 行动的5S
　　　　——让企业面貌焕然一新
第二篇 标准化的5S
　　　　——塑造企业整体的职业素养
第三篇 预防的5S
　　　　——赋予企业旺盛的生命力
第四篇 5S 管理的延伸与整合

㉝ 企业经营分析手册

简泽民（台湾） 编著

"经营分析"对于企业来说，是一项必要的分析资料与正确的管理工具。企业要想降低成本、提高利润，就需要不时地对全盘经营绩效加以分析，发觉异常寻求改善，以使各项管理步入正轨。

本书籍汇作者在大陆辅导的经验，贴近实际，尤其适用于纺织及服装加工企业，可作为大陆企业经营分析改善的实用工具书。

定价：￥100元

第一篇 经营分析概述
第二篇 经营分析的基础
第三篇 利润分析
第四篇 成本分析与改善
第五篇 财务分析
第六篇 投资规划分析
第七篇 经营管理评核分析
附录A 经营分析改善实例
附录B 日常经营绩效检讨报告实例

㉜ 采购管理

王文信（台湾） 编著

采购在企业活动中一直扮演着重要角色，如何运用管理的手段与技巧提升采购作业的效率与效果，降低企业成本、保持甚至提升竞争力，是企业重要课题之一。

本书综合众多大陆企业采购管理实例，介绍采购组织与采购制度的建立，采购计划、谈判与数量、价格管理的关系以及供应厂商的开发与管理等。为企业顺利完成采购工作助力，为培养出色采购人员加分！

定价：￥58元

第一篇 采购管理的概述
第二篇 采购组织的建立与管理
第三篇 采购制度的规划
第四篇 采购作业与管理方法
第五篇 采购计划与数量管理
第六篇 采购规范与品质管理
第七篇 供应厂商开发与管理
第八篇 采购谈判与价格管理
第九篇 采购跟催与交期管理
第十篇 采购绩效分析与改善
第十一篇 采购管理案例分析
第十二篇 采购策略与未来趋势

㉛ QCC 品管圈实务

钟朝嵩（台湾） 编著

QCC 品管圈活动是企业员工自主自发改善工作现场的活动，是提高"人的工作价值"最有效的方法。其导入台湾已有30余年，逐步走向成熟，已成为公认的提升现场品质和效率的有效活动。本书从品管圈活动的导人和运行人手，阐述实用的统计方法，结合成功推行实例，让企业轻松学会推行品管圈活动的方法，利用有限的资源，获取最大的收益！

定价：￥40元

第一篇 品管圈活动的发展
第二篇 品管圈活动的概念
第三篇 品管圈活动的导入及运行
第四篇 品管圈活动的实施
第五篇 品管圈的基本统计方法
第六篇 历届国际品管圈成果发表会
　　　　获奖案例分析与点评
第七篇 品管圈活动推行实例
附　录 质量管理小组活动管理办法

福友企业管理顾问有限公司
FORYOU CONSULTANT CO.,LTD.

献给 站 着睡觉的人

㉚ 有效的选才与面谈技巧

郑瀛川（台湾） 编著

近年来，不论企业经营环境如何变化，"选才"依然是人力资源最重要的任务。这本书便是台湾绩效管理专家郑瀛川博士为人力资源工作者及人事主管而写。

本书深入浅出，将甄选的基础、甄选工具、面谈技巧全面展开，并深入探讨"甄选面谈"的成败关键及长期以来困扰人事主管的问题。帮助企业做好人才甄选的工作，大大提升组织的竞争力。

定价：￥45 元

第一篇　甄选的基本概念
第二篇　甄选的基础工程
第三篇　如何使用甄选工具
第四篇　面谈技巧
第五篇　甄选决策与发展
第六篇　附录

㉙ IE 的运用

福友 IE 研究会 编著

IE 是使生产力向上的工学。IE 技法还同时具备了标准化及合理化的功能，推动得好，可降低成本、提高效率、缩短交期。本书简介了古今中外 IE 理论精华，读者可以循序渐进地学习并掌握好 IE 技法的相关理论与实务，从而最终在实际工作中获得受益。

定价：￥58 元

第一篇　认识 IE
第二篇　IE 的原点 "标准工时"
第三篇　工件样品（WS）的运用
第四篇　工程分析的运用
第五篇　工厂布置（PL）的要领
第六篇　物料搬运（MH）的方法
第七篇　作业研究（OR）的运用
第八篇　成本计算
第九篇　提案改善活动
第十篇　运用价值工程（VA/VE）降低成本
第十一篇　驱动管理的两轮子 QC 与 IE 手法
第十二篇　IE 的未来

㉘ 中小企业经营之道

傅和彦（台湾） 编著

在外有大企业压制，内有管理问题牵制的经营环境中，中小企业如何突破现状，大幅提升利润？中小企业如何稳定经营，成功迈向大企业？本书作者集 30 余年工商企业管理经验编写此书，站在中小企业的立场，阐述如何强化人事、财务和管理制度，加强营销活动，使企业永续经营。每一篇所附"重要提示"，更能让您快速、有效地阅读和学习，帮助中小企业不断迈向繁荣！

定价：￥40 元

第一篇　中小企业的本质
第二篇　竞争激烈的企业外部环境
第三篇　危机四伏的内在经营困境
第四篇　知人用人的要领
第五篇　管理制度的建立与实施
第六篇　增强财务会计与资金调度
第七篇　加强营销活动
第八篇　提高生产活动的效率
第九篇　中小企业迈向大企业的途径
第十篇　有效利用经营管理顾问
第十一篇　中小企业管理研究报告
第十二篇　两岸中小企业未来探讨文粹
附　录　中华人民共和国中小企业促进法

㉗ TQM 全面品质管理

钟朝嵩（台湾） 编著

TQM 强调全员协力合作，不只要做好制品的品质，并且对全公司有关工作的品质、工程、业务、服务的品质都要有效地加以管理。本书从"TQM 本质"、"TQM 的部门别管理"、"TQM 运营"及"TQM 的实施要点"等方面逐层深入，以可操作性的图表和翔实的事例，让读者轻松掌握实施 TQM 的方法，帮助企业早日突破困境、提高经营绩效。

定价：￥36 元

第 一 篇　TQM 的概念
第 二 篇　TQM 的本质
第 三 篇　TQM 的部门别管理
第 四 篇　TQM 运营
第 五 篇　TQM 实施要点
第 六 篇　TQM 专论
第 七 篇　附录

㉖ 仓储管理

王文信（台湾） 编著

本书继承了王文信先生一贯重在实务性、可操作性的风格：以大量的案例、图表介绍仓储管理的库房规划、进料验收、领发料、存货、盘点、呆废料管理等全部内容，预测了仓储管理的未来发展趋势，易懂易学易操作；更难得是以专篇案例介绍仓储管理绩效管理、制度规划与设计，令仓储管理者可以按表操作，轻松规范管理，为生产、品质、安全、人力、成本管理加分。

定价：￥55 元

第 一 篇　仓储管理概述
第 二 篇　仓储规划与库房管理
第 三 篇　验收管理
第 四 篇　领发退料管理
第 五 篇　存货管理
第 六 篇　盘点管理
第 七 篇　呆废料管理
第 八 篇　仓储管理制度规划与推动
第 九 篇　仓储管理电脑化
第 十 篇　仓储绩效管理
第十一篇　仓储管理的发展趋势

献给 站着睡觉的人

㉕ 绩效评估兵法

郑瀛川（台湾）　编著

主管们如何做好绩效面谈？怎样使用正面与负面的会谈技巧，使上司与部属得到双赢？本书介绍了成功企业常用的"平衡计分卡"、"360°回馈"、"目标管理制度"等方法，深入介绍绩效评估的规划、执行与应用要领，辅以流程、图表及专篇范例说明，读者能轻松掌握绩效评估的操作技巧，充分发挥绩效管理效能。

定价：￥42元

第 一 篇	绩效评估与经营管理
第 二 篇	绩效评估与绩效管理
第 三 篇	企业常用的绩效评估方法
第 四 篇	绩效评估的规划与执行
第 五 篇	绩效评估的应用要领
第 六 篇	绩效评估的重要手段
	——绩效面谈
第 七 篇	绩效评估的运用范例

㉔ 生产计划与管制

傅和彦（台湾）　编著

本书是一本理论与实务兼顾、实用且富有启发性、可操作性的工厂实务指导用书，尤其是"企业所面临的问题"、"经营计划"、"年度计划"、"计划评核术"、"迈向合理化的事务改善"、"工厂的品质管制"等章节都是同类书籍中所未有，是一本非常适合企业作为训练员工及生产计划与管制工作者们的重要参考用书。

定价：￥55元

第 一 篇	生产与生产管理
第 二 篇	生产组织
第 三 篇	经营计划
第 四 篇	预测
第 五 篇	年度计划
第 六 篇	生产计划
……	
第 十四 篇	计划评核术
第 十五 篇	迈向合理化的事务改善
第 十六 篇	存量管制
第 十七 篇	价值分析
第 十八 篇	产品研发
第 十九 篇	各和生产管理方式的比较

㉓ 实用品质管理

钟朝嵩（台湾）　编著

"企业的竞争力在于品质的竞争力"，这一理念越来越为广大制造业管理者所认同，然而做好品质管理却是企业尤其是中基层管理干部的难题，本书以数理统计为基础，以统计方法为核心，辅助以大量实用技巧，令读者能够学以致用，对品质管理运用自如，得心应手。

定价：￥35元

第 一 篇	概论
第 二 篇	统计的技术
第 三 篇	QC七大手法
第 四 篇	管制图的种类及
	应用方法
第 五 篇	抽样检验
第 六 篇	新QC七大手法
第 七 篇	品质管理实施办法

㉒ 现代物料管理

傅和彦（台湾）　编著

物料成本往往占制造业总成本的50%以上，其重要性不言而喻。福友特邀有着30余年工商企业管理经验的傅和彦先生整理修订所累积的经验知识，并融合现代物料管理的技法，编写成《现代物料管理》，内容涵盖物料管理各个层面，更重点介绍如何进行物料管理绩效评核，读者也可结合《制造业物料管理》仔细阅读，定能有助于降低物资成本、使生产作业流程顺畅。

定价：￥52元

第 一 篇	导论
第 二 篇	物料分类与编号
第 三 篇	物料管理组织
第 四 篇	物料存量管制
第 五 篇	物料需求计划
第 六 篇	物料采购管理
第 七 篇	物料管理系统
第 八 篇	验收
……	
第 十三 篇	物料管理绩效评核
第 十四 篇	物料管理电脑化
第 十五 篇	物料管理的发展趋势

㉑ 品质管制大全

钟朝嵩（台湾）　编著

世界需要中国制造，中国制造需要中国品质！本书为钟朝嵩教授毕生实战经验整理而成的呕心沥血之作，自1974年台湾初版以来，历经多次改版、增修订，迄今为止已加印38刷，常年畅销于台湾、新加坡、泰国、菲律宾、马来西亚等地，发行销量逾40万册，堪称东南亚地区之"品质管理宝典"。

定价：￥80元

第 一 篇	基本统计方法
第 二 篇	管制图
第 三 篇	抽样检验
第 四 篇	品管实施方法

福友企业管理顾问有限公司
FORYOU CONSULTANT CO.,LTD.

献给 站 着睡觉的人

⑳工厂管理

傅和彦（台湾）　编著

定价：¥46元

工厂即产品制造场所，工厂管理即将各种有效资源导入制造场所，凭借计划、组织、人事、指导控制等活动，达成生产目标的管理工作。作者傅和彦先生有着30余年工商管理经验，本书定位广大制造业工厂管理干部，以理论与实务结合论述，可操作性极强。

导论
第一篇　工厂组织
第二篇　工厂布置
第三篇　物料管理
第四篇　研究与发展
第五篇　生产管理
第六篇　生产计划
第七篇　物料控制
第八篇　物料管理
第九篇　品质管理
第十篇　资料搜集、整理与分析
第十一篇　成本分析
第十二篇　成本控制
第十三篇　人事管理
第十四篇　人事分析与控制
第十五篇　工业卫生概论
第十六篇

⑲高阶主管经营训练

黎守明（台湾）　编著

定价：¥39元

第一篇　经营者
第二篇　目标篇
第三篇　策略篇
第四篇　自我革新篇
第五篇　影响力篇
第六篇　自我查检篇

国内企业高阶管理者忙忙碌碌，常常大大小小工作一把抓，疲于奔命却绩效不彰。本书即为企业高阶管理者或有志于此的管理者所编，揭示了高阶主管人员必备的Know-how、工作重点及任务所在，以及如何树立及发挥好高阶管理人员的领导魅力等，

⑱中阶主管管理训练

黎守明（台湾）　编著

定价：¥39元

第一篇　New Management Way
第二篇　完成年度工作计划
第三篇　执行您的计划
第四篇　管制部门的执行活动
第五篇　修正您的计划、标准
第六篇　部门的自我超越
第七篇　经营您自己

"训练最大的目的在于行动，不在知识。"这就意味着教训训练的实施者必须具备丰富的实务经验，和其所持有的教材也应为其常年从事实务管理工作案例的系统累积，如此才能现身说法，授予前来接受培训的企业人所真正想要的实务操作指南。有着丰富实战经验的黎守明先生所编写的本书，可谓设想企业人所想、施教企业人所欲，定能让中阶管理者在实际管理工作中亲身体验到管理发挥的价值，从而对管理工作产生自信，达到训练自我的目的。

⑰国际行销

吴景胜（台湾）　编著

定价：¥68元

第一篇　导论
第二篇　国际行销策略
第三篇　多国企业与国际行销
第四篇　各国市场与国际行销

全球经济国际化的趋势下，"国际行销"的实战技巧也日趋为企业管理者所重视。台湾知名国际行销领域研习与实战专家吴景胜老师为大陆广大读者奉上此本案例丰富、适用本土企业、且国际观念角度齐备的《国际行销》，本书的四项特色令其具备了极优的可读性、实战性及操作性。

⑯供应厂商管理

傅和彦（台湾）　编著

定价：¥45元

第一篇　外包与供应厂商
第二篇　供应厂商的功能与外包方针
第三篇　厂内自制与外包判定
第四篇　外包计划
第五篇　发包工作管理
第六篇　供应厂商的选择
第七篇　外包行为的品质要求
第八篇　外包价格的协商
第九篇　外包验收管理
第十篇　供应厂商的考核
第十一篇　供应厂商的辅导与扶持

朝着世界工厂迈进的中国，制造业工厂正处在一个生产量迅速扩张的时期，技术日益精进、制品益形复杂，所需的物料、零件若要在本厂内生产，将产生诸多困扰，因而势必需要借重于供应厂商的力量。如何有效利用供应厂商生产出品质更佳、成本更低、交期更准的制品，直接影响到企业的经营绩效，更影响到企业在激烈残酷的市场竞争中的地位。

福友企业管理顾问有限公司
FORYOU CONSULTANT CO.,LTD.

献给 站/ 着睡觉的人

⑮ 经营计划与预算管理

王忠宗（台湾） 编著

透过预算产生出许多宝贵的数据资料是企业管理者可以用于提升企业经营绩效的重要参考依据。也即预算的真谛在于对影响企业盈亏的重要收支项目做好事前规划，以利于事后控制，而不在于会计科目的帐务处理及资产负债表或损益表之编制。

定价：￥45 元

第 一 篇	年度经营计划的重要性
第 二 篇	目标→工作计划→预算
第 三 篇	预算作业流程与管理
第 四 篇	预算编制准则与科目说明
第 五 篇	预算审查、检讨与评估
第 六 篇	销货收入预算的规划与控制
第 七 篇	人事费用的规划与控制
第 八 篇	采购预算的规划与控制
第 九 篇	资本支出预算的规划与控制
第 十 篇	研发费用的规划与控制
第 十一 篇	管理及财务费用的规划与控制
第 十二 篇	结 语
第 十三 篇	

⑭ 经营分析与企业诊断

刘平文（台湾） 编著

现代管理者需要面对企业之环境面、策略面、组织面、意识面、行为面与方法面等不同层面之决策事宜，因而常常需要对自己的企业经营管理之现况进行诊断，提升企业经营管理之系统观。作者刘平文先生多年来一直从事于经营管理、企业辅导服务等实务工作，累积了极其丰富、深厚的实务经验，本书探讨范围与层面涉及甚广，定能帮助管理者对企业有更好的认知与掌握。

定价：￥120 元

第一篇	观念篇
第二篇	分析篇
第三篇	诊断篇
第四篇	整合篇

⑬ SPC 统计制程管制

官生平（台湾） 编著

"品质管理能力"是企业管理动力中的核心部分！也即成为提升大陆企业竞争力的重要课题。
"SPC¡"统计制程管制"是品管工作中重要的一项。本书为有着20余年推广应用经验的"SPC"权威、台湾品管协会理事官升平老师的呕心沥血之作，更是极具专业学习参考价值及实务指导意义的好书！

定价：￥160 元

第一篇	统计制程管制 SPC 导入
第二篇	变异的本质
第三篇	基本统计
第四篇	管制图的原理
第五篇	计量值管制图
第六篇	计数值管制图
第七篇	量测系统分析
第八篇	制程能力研究
第九篇	6 σ 改善活动
第十篇	简易 DOE
附录	

⑫ 标准工时制定与工作改善

傅武雄（台湾） 编著

作者傅武雄先生从事"工作研究与IE改善"的工厂管理及顾问辅导工作长达32年之久，本书是专为工厂主管与工艺工程人员撰写的，直接从工艺面切入，以车间工作方法改善手段为例，阐述了标准工时测定与工作改善的多种实务方法。

定价：￥58 元

第一篇	标准工时概论与应用
第二篇	运用马表测时法订定标准工时
第三篇	预定动作时间标准法的运用
第四篇	运用综合数据法订定标准工时
第五篇	运用工作抽查法订定标准工时
第六篇	标准工时在管理上的应用关键
第七篇	工作改善的方向与科学化理念
第八篇	运用程序分析与搬运分析进行有效改善
第九篇	作业域内的改善技巧
第十篇	运用工作抽样法进行工作改善

⑪ 生产计划管理实务

王文信（台湾） 编著

本书以制造业的生产管理活动为叙述重点，从生产管理层面入手，剖析制造业提高生产绩效的实务方法，有系统地介绍生产计划与管理实务，无论是对传统式做法的精华还是对最新生产管理的技法，都有深入浅出的探讨。

定价：￥75 元

第一篇	产业剖析与手法导入
第二篇	实务方法与管理运作
第三篇	制度设计与诊断评估
第四篇	生产策略与未来发展

福友企业管理顾问有限公司
FORYOU CONSULTANT CO.,LTD.

献给站着睡觉的人

❿ 制造业物料管理实务

傅武雄（台湾） 编著

　　企业物料管理制度化、电脑化导入实务宝典！傅武雄先生（台湾）逾二十年的经验与心得融入，以深入浅出的方式将物料管理方法与实务技巧加以阐述，将有助于企业在激烈竞争的环境中赢取竞争优势。

定价：￥75元

第一篇	物料管理总论
第二篇	做好计划层面的物料管理
第三篇	MRP 的架构与实务
第四篇	执行层面的物料管理
第五篇	物料管理辅助篇

❾ 现场管理实务

韩展初 编著

　　本书以管理的六大目标为主线，将管理者如何充分运用组织的有效资源，达成组织目标的方法、技巧汇集成有系统的资料，将给中基层企业管理干部的实务工作、培训指导提供有益参考。

定价：￥65元

第一篇	管理总论
第二篇	管理的核心——人
第三篇	营造高昂士气的团队
第四篇	如何提高产量、提升效率
第五篇	生产计划与交期管理
第六篇	降低成本与工作改善
第七篇	如何管理品质
第八篇	工业安全管理
第九篇	如何成为出色的现场管理者

❽ 降低成本新利器
（Tear Down 技法）

佐腾嘉彦 编著

　　Tear Down 是以降低成本为宗旨，以分解调查竞争对手为手法的技法。佐腾先生逾25年的操作经验积累的本书定能帮助企管人士提高工作附加价值，衍生新创意，提高产品竞争力，令企业在激烈的市场竞争中立于不败之地。

定价：￥56元

第一篇	Tear Down Method 的概念与缘起
第二篇	分解的进行方法
第三篇	主题别分解的实践
第四篇	利用分解之价值评价的进行方法
第五篇	分解的应用技术
总　结	分解的成功要点
结　语	
附　录	作业表单（Work Sheet）的使用法

❼ 企业管理制度精选

（共两册）

福友企管书系编委会

　　本公司顾问师常年在国内辅导、顾问经验大公开！
　　去芜存菁，结合国内实际情况设计，若企业在管理制度建设方面能参照本书，并根据自身情况适度调整使用，定能大有裨益。

定价：￥580元

第一篇	人事管理
第二篇	行政事务管理
第三篇	财务会计管理
第四篇	营销业务管理
第五篇	生产管理
第六篇	物料管理
第七篇	采购管理
第八篇	品质管理

❻ 如何选人用人育人留人

林荣瑞 编著

　　品质是企业的生命，人则是企业最重要的资产。本书针对国内企业人力资源管理薄弱之现状，以作者多年累积的实务经验，深入地进行案例分析探讨，协助您做好人才的培养与发展工作。

定价：￥68元

第一篇	人力资源管理与竞争优势
第二篇	如何甄选人才
第三篇	用人的艺术
第四篇	人才的育成
第五篇	企业如何留才
第六篇	人力资源管理与企业文化
	（另售 VCD 教学光盘）

献给 站 着睡党的人

福友企业管理顾问有限公司 ®
FORYOU CONSULTANT CO.,LTD.

❺ 如何推行5S

孙少雄　编著

　　5S——"医治"工厂疑难杂症之良药。本书以实用的对比图片做诠释，全面系统地论述5S活动，帮助业界朋友在5S专案活动中以最简单的途径，取得最有效的成果。

定价：￥52元

第 一 篇	引 言
第 二 篇	5S 的解析
第 三 篇	5S 推行要领
第 四 篇	推行 步骤
第 五 篇	配合5S 活动之管理技巧
第 六 篇	推行5S 活动成功与失败的注意事项
第 七 篇	5S 的延伸
第 八 篇	推行5S 的好处
第 九 篇	5S 活动宣传案例
第 十 篇	品 质 文 化

❹ 企业管理表格精选

福友企管书系编委会

　　本公司顾问群汇编多年来从事企管、辅导方面所运用的经典成功表格，并对每一表格的流程及使用方法做了详尽说明，易于理解，使用方便。

定价：￥348元

第一篇	人事行政事务管理
第二篇	会计财务管理
第三篇	营销业务管理
第四篇	生产管理
第五篇	物料管理
第六篇	品质管理
第七篇	目视管理

（附 CD-ROM 光盘）

❸ 漫画管理禅

叶香　编著

　　由当今国内外管理高手之管理理念与成功的经验所提炼升华的管理禅语，能使您茅塞顿开。发人深省的故事情节，生动有趣的漫画将使您领悟追求成功的乐趣。

定价：￥36元

第一篇	成功篇
第二篇	领导统御篇
第三篇	人力资源篇
第四篇	沟通与激励篇
第五篇	箴言篇
第六篇	醒世篇

❷ 品质管理

林荣瑞　编著

　　"品质"是企业的生命，更是企业未来的决战场。本书使人们在品质的观念与技法上获得了质的突破：不仅谈统计技术，更着重实地操作，定能让全厂上下都成为品质高手。

定价：￥56元

第一篇	认识品质管制
第二篇	品管应用手法
第三篇	工厂检验制度设计与应用
第四篇	全员参与 全员改善
第五篇	品质管制教育
第六篇	服务业的品管
第七篇	品质管制制度评鉴

❶ 管理技术

林荣瑞　编著

　　此书融合了美国、日本、台湾及大陆的管理精华，一改大陆管理书籍普遍过于强调理论性的缺陷，注重适用性及可操作性。被许多管理人员视为工作的"宝典"。

定价：￥78元

第 一 篇	企业经营与竞争策略
第 二 篇	组织原理
第 三 篇	人事政策与报酬制度
第 四 篇	工厂布置
第 五 篇	整理整顿与5S 活动
第 六 篇	机器保养与工业安全
第 七 篇	企业骨干——管理者
第 八 篇	管理技术
第 九 篇	工业工程与现场改善
第 十 篇	生产计划与进度控制
第十一篇	物料管理与采购作业
第十二篇	事务管理与联系管理

福友现代实用企管书系

福友企业管理顾问有限公司
FORYOU CONSULTANT CO.,LTD.

献给 站 着睡觉的人

精美海报标语系列

★使您的工作场所更美化、让您的团队更具拼搏力！
★五个系列／套，共28张
定价：250元

安全卫生系列

◆ 一人一份心
   安全有信心
◆ 工作为了生活好
   安全为了活到老
   ……

生产力系列

◆ 你思考　我动脑
   产量提升难不倒
◆ 想一想
   一定还有更好的办法
   ……

品质系列

◆ 品质意识加强早
   明天一定会更好
◆ 品质你我都做好
   顾客留住不会跑
   ……

5S系列

◆ 工作效率想提高
   整理　整顿先做好
◆ 5S效果看得见
   持之以恒是关键
   ……

ISO系列

◆ 实施成果要展现
   持之以恒是关键
◆ 宁可因高目标而脖子硬
   也不要为低目标而驼背
   ……

(实际尺寸：28 cm×87 cm)

献给 站 着睡觉的人

福友现代实用商战系列

本丛书荣膺 2004 年
全国优秀引进版图书奖

❷ 蓝彻斯特战略　　定价：￥286 元／套

矢野新一（日本）著

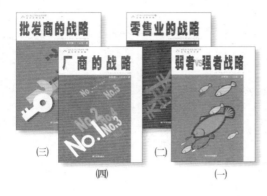

（三）　　（二）
（四）　　（一）

本套《蓝彻斯特战略丛书》（4 个系列／套，共 10 册）

第一系列：《弱者 VS 强者的战略》（上、中、下，共 3 册）	第三系列：《批发商的战略》（上、下，共 2 册）
第二系列：《零售业的战略》（上、下，共 2 册）	第四系列：《厂商的战略》（上、中、下，共 3 册）

企业成为 No.1 的策略！

　　面对经营环境越来越诡谲多变、越来越激烈残酷，企业不仅要更加注重运用策略战略，更应将自己企业的策略、战略定位在能够使自己成为行业中的"No.1"，即"No.1"战略（策略）！

　　只有赢取绝对"No.1"的竞争优势，才可彻底避免与同业惨烈厮杀、甚至被淘汰的命运，成就霸业并确保基业常青！

　　为帮助广大企业早日成功，福友有幸引进被誉为"No.1战略"的《蓝彻斯特战略》！之所以被誉为"No.1战略"，是因为蓝彻斯特战略体系自始至终贯穿两个精髓：

◆　No.1主义！
◆　成为No.1，弱者VS强者的战略！

❶ 企业行销顾问　　定价：￥40 元

黄宪仁（台湾）著

"他山之石，可以攻玉！"

　　商业行销领域的图书虽然是汗牛充栋，但是多为观念性说教或三招两式的片段教学，整体性、系统性、实战性的书系是凤毛麟角。

　　本书着重于从商业行销通路整体体系来把脉，更是作者任顾问师辅导企业多年，见诸各专业报纸杂志心血之作的汇编，书中案例均为企业界万金难求的丰厚经验，"他山之石，可以攻玉"，对企业的经营必有所助益！

第一篇　行销经营策略篇
一　企业的成长策略
二　找出企业成功的关键因素
……
第二篇　行销运作实务篇
一　成功市场规范
二　高效促销手法
……
第三篇　行销部门管理篇
一　要重视"年度经营计划"
二　训练很贵，不训练更贵
……
第四篇　经营管理篇
一　账面有利润，最后却倒闭
二　举债经营发挥财务杠杆效益
……

献给 站/着睡觉的人

福友企业管理顾问有限公司
FORYOU CONSULTANT CO.,LTD.

书友反馈卡

亲爱的读者：

感谢您对福友现代企管、商战书系的支持！

福友企管顾问公司经营理念：简单、直接、有效。福友企管书系也以同样的风格获得全国企业界的肯定，为了让我们一起更进步，请您填好下面的资料，并反馈给我们。您的资料将被妥善保存在福友客户资料库中。

您将会得到：

◆ 新出版物及企管课程信息。

◆ 购买福友书系及参加企管课程享受 9 折优惠。

1. 姓　　名：＿＿＿＿＿＿＿　性　别：□男 □女　　会员卡号：＿＿＿＿＿＿＿

　 电　　话：＿＿＿＿＿＿＿　传　真：＿＿＿＿＿＿＿　邮政编码：＿＿＿＿＿＿＿

　 单位全称：＿＿＿＿＿＿＿＿＿＿＿＿＿＿服务部门／职务：＿＿＿＿＿＿＿

　 通讯地址：＿＿＿＿＿＿＿＿＿＿＿＿＿＿＿＿＿＿＿＿＿＿＿＿＿＿＿＿＿

　 E-mail：＿＿＿＿＿＿＿＿＿＿＿＿＿＿＿＿＿＿＿＿＿＿＿＿＿＿＿＿＿

2. 您阅读这本书的书名是：

□ 班组现场精细化管理	□ 生产效率改善实务	□ 班组管理：从优秀到卓越
□ 职场沟通零缺陷	□ 不会说话别当头	□ 班组管理：从优秀到卓越
□ 如何推动目标管理	□ 企业财务管理实务	□ 现场制程品质管制实务
□ 员工应有的观念与态度	□ 高效的生产绩效管理	□ 企业 ERP 成功之道
□ 采购与供应管理	□ 新产品研发与销售	□ QC 手法运用实务
□ 采购管理	□ 5S 推行问题与对策	□ 企业经营分析手册
□ IE 的运用	□ QCC 品管圈实务	□ 有效的选才与面谈技巧
□ 仓储管理	□ 中小企业经营之道	□ TQM 全面品质管理
□ 实用品质管理	□ 绩效评估兵法	□ 生产计划与管制
□ 工厂管理	□ 现代物料管理	□ 品质管制大全
□ 国际行销	□ 高阶主管经营训练	□ 中阶主管管理训练
□ 经营分析与企业诊断	□ 供应厂商管理	□ 经营计划与预算管理
□ 标准工时制定与工作改善	□ SPC 统计制程管制	□ 制造业物料管理实务
□ 降低成本新利器	□ 生产计划管理实务	□ 现场管理实务
□ 如何推行 5S	□ 如何选人用人育人留人	□ 企业管理制度精选
□ 品质管理	□ 企业管理表格精选	□ 漫画管理禅
蓝彻斯特战略系列	□ 管理技术	□ 企业行销管理顾问
	□ 弱者 VS 强者的战略	□ 零售业的战略
	□ 批发商的战略	□ 厂商的战略

3. 您对福友书系的评价：

　　□ 丰富实用　　　　□ 实用　　　　□ 平淡一般

4. 对我们的建议：

感谢您的填写，填写完毕后请传真或邮寄至福友发行部！

厦门市禾祥西路 4 号鸿升大厦 15 层（邮编:361004）　　厦门福友企业管理顾问有限公司
http://www.foryou.tw.cn　　　　　　　　　　　　　　　E-mail:xm@foryou.tw.cn
电话:0592-2395581（总机）　　　　　　　　　　　　　传真:0592-2396530 2395580

优 惠 订 购 单

TO:福友企管发行部　　0592-2396530

献给站着睡觉的人

读者服务信箱

感谢的话

谢谢您购买本书!

◆ 用寻宝的方式，将书中的方法与您现有的工作作比较，再融合您的经验，理出您最适用的方法。

◆ 新方法的导入使用要有决心，事前做好计划及准备。经常查阅本书，并与您的实务工作结合，自是有机会成为"企业大将"。

　　祝　早日实现!

您可以改变……

◆ 您是否认为"好东西应与好朋友共享"?订阅本福友企管书系赠送亲友，同享"追求成长"的喜悦。

◆ 您是否经常为事业的繁忙而烦恼? 订阅本书培训下属，自是有机会成为"治大国，若烹小鲜"的主管。

◆ 与您同行，迈向科学管理之路。本书系中如有疑惑之处，欢迎来函洽询，我们乐于服务。

优惠订购

企业名称		E-mail		
地　址			邮　编	
部　门		联系人		先生 / 小姐
电　话		传　真		

订购书目

书名	价格			ISBN
《生产管理实务名著》	52元	×	本	ISBN7561544556
《老总改善现场实务篇》	35元	×	本	ISBN7561543184
《市场营销策划实务》	45元	×	本	ISBN7561542125
《从优秀到卓越》	55元	×	本	ISBN7561541104
《连锁经营管理实务》	45元	×	本	ISBN7561539903
《绩效考核与薪酬管理》	45元	×	本	ISBN7561538395
《采购谈判实务》	52元	×	本	ISBN7561537817
《生产计划与物料管理》	48元	×	本	ISBN7561536483
《企业战略管理》	60元	×	本	ISBN7561535356
《ERP成功之道》	58元	×	本	ISBN7561535123
《成功主管的心态》	48元	×	本	ISBN7561534250
《生产运作管理》	48元	×	本	ISBN7561530979
《QC新七大手法》	40元	×	本	ISBN7561531921
《采购问题与对策》	68元	×	本	ISBN7561532416
《5S企业推行技巧》	60元	×	本	ISBN7561530597
《企业诊断分析手册》	100元	×	本	ISBN7561530580
《QCC品管圈实务》	58元	×	本	ISBN7561530184
《有效的选才与面谈技巧》	40元	×	本	ISBN7561528877
《IE的运用》	45元	×	本	ISBN7561528426
《TQM全面品质管理》	48元	×	本	ISBN7561528464
《中小企业管理》	36元	×	本	ISBN7561527139
《合理化改善手法》	55元	×	本	ISBN756152675X
《工作教导与估价制》	42元	×	本	ISBN756152627X
《生产现场改善大全》	48元	×	套	ISBN7561525834
《工厂成本管理制度》	55元	×	本	ISBN7561525176
《企业训练》	52元	×	本	ISBN7561524307
《薪酬预算管理》	80元	×	套	ISBN7561523912
《SPC统计制程管制》	46元	×	本	ISBN7561523459
《标准工时与生产管理》	39元	×	本	ISBN7561523394
《物料管理与采购实务》	68元	×	套	ISBN7561523408
《生产现场持续改善》	45元	×	本	ISBN756152269X
《营销实务》	45元	×	本	ISBN7561522320
《如何育人留人》	120元	×	套	ISBN7561522126
《如何推行5S》	160元	×	套	ISBN756152191X
《表格精选》(书含盘)	58元	×	本	ISBN7561521839
《精美标语》	75元	×	本	ISBN7561520689
《竞争者的战略》	75元	×	本	ISBN7561519508
《领导者的战略》	65元	×	本	ISBN7561519087
《营销战略》	580元	×	套	ISBN7561518994
《弱者的战略》	68元	×	本	ISBN7561518617
《蓝斯战略系列》	52元	×	本	ISBN7561517815
《V.S》	348元	×	套	ISBN7561517343
《营销顾问》	56元	×	本	ISBN7561517114
	78元	×	本	ISBN7561515782
	40元	×	本	ISBN7561515634
	250元	×	套	ISBN7561511760
	88元	×	本	ISBN7561520425
	52元	×	本	ISBN7561520883
	60元	×	本	ISBN7561520891
	86元	×	本	ISBN7561520905
		×	本	ISBN7561520913

合计金额：_____元

▶ 利用本订购单订购一律享受 **9** 折优惠。

▶ 培训员工一次购30本或3000元以上 **8.5** 折优惠。

服务热线:0592-2395581转201、204、210
传　真:0592-2396530　　2395580
E-mail:xm@foryou.tw.cn　http://www.foryou.tw.cn

付款方式

邮局汇款	厦门市禾祥西路4号鸿升大厦15楼 邮编:361004 厦门福友企业管理顾问有限公司收	银行电汇或转账	户　名:厦门福友企业管理顾问有限公司 开户行:中国银行厦门市分行 账　号:424758368900

配合事项

1. 本订购单烦请用正楷填写清楚，务必连同汇款单复印件传真至：0592-2396530

2. 为确保您所邮购的书籍顺利送达，在收到您的传真后，我们将通过邮局挂号寄出书籍，因目前邮路并不十分畅通，您可能需要多等待，如您在30天内未收到书，请您通知我们处理。

3. 保证受益无穷的好书，如您不满意，一个月内可以退书。